# *Es darf nicht sein!*

Anna Wrzesinski, geb. Zick, lebte als junge Magd im Allgäu, als sie 1943 wegen ihrer Liebe zu einem polnischen Zwangsarbeiter verhaftet wurde. Er war der Vater ihres Kindes.
Sie überlebte die Qualen im KZ Ravensbrück, ebenso ihr Geliebter, der nach der Hölle von Dachau wieder zu ihr kam.
Aber die Schrecken der NS-Zeit wirken bis heute in ihr nach.

Anna Maria Wrzesinski

# *Es darf nicht sein!*

## Der Bericht einer Allgäuer Magd über eine lebensgefährliche Liebe

*Nach mündlichen Erzählungen aufgezeichnet von Erdmuthe von Baudissin*

Weltbild

Besuchen Sie uns im Internet:
*www.weltbild.de*

Genehmigte Lizenzausgabe für Verlagsgruppe Weltbild GmbH,
Steinerne Furt, 86167 Augsburg

Umschlaggestaltung: Studio Höpfner-Thoma, München
Umschlagmotiv: © Anna Maria Wrzesinski – Privatarchiv
Gesamtherstellung: CPI Moravia Books s.r.o., Pohorelice
Printed in the EU
ISBN 978-3-8289-9664-9

2013 2012 2011 2010
Die letzte Jahreszahl gibt die aktuelle Lizenzausgabe an.

*Inhalt*

Ich bin aus Wolfertschwenden . . . . . . . . . . . . . . . . 7
Du musst schauen, dass es geht! . . . . . . . . . . . . 10
„Halt's Maul, sonst kommst nach Dachau!“. . . . . . . . . 15
Hundert Eier oder Kopf ab!. . . . . . . . . . . . . . . . 21
Fremde muss man heben! . . . . . . . . . . . . . . . . 24
„Du meine Frau!“ . . . . . . . . . . . . . . . . . . . . 30
Der schwere Gang . . . . . . . . . . . . . . . . . . . . 36
„Da kommt kein Aff zur Welt“ . . . . . . . . . . . . . . 38
Du musst sein wie eine Mauer . . . . . . . . . . . . . . 43
„Auf Transport“ – wohin? . . . . . . . . . . . . . . . . 49
Ankunft in der „Hölle der Frauen“ . . . . . . . . . . . 57
Eine Verfehlung und eine Strafe . . . . . . . . . . . . . 61
Frauen sind erfinderisch!. . . . . . . . . . . . . . . . . 65
Neue Verfehlung – neue Strafe . . . . . . . . . . . . . . 72
Schmuggel und Kontrolle . . . . . . . . . . . . . . . . . 80
Die schönste Weihnachtsgabe . . . . . . . . . . . . . . 84
Die übelsten Schicksale . . . . . . . . . . . . . . . . . 87
Der Sonntag ist der schlimmste Tag . . . . . . . . . . . 92
Eine Fahrkarte – wohin? . . . . . . . . . . . . . . . . . 95
Daheim . . . . . . . . . . . . . . . . . . . . . . . . . 104
„Jetzt hast du auch einen Papa!“ . . . . . . . . . . . . 109
„Verzeiht, gebt die Hand!“ . . . . . . . . . . . . . . . 116

Zu diesem Buch . . . . . . . . . . . . . . . . . . . . . 125

## *Ich bin aus Wolfertschwenden*

„Sag mal, bist du's oder bist du's nicht?"
„Doch, ich bin's."
„Wie ist es dir ergangen, Anni?"
„Bitte, frage nicht, ich darf nichts sagen."
Wir standen in einer eiskalten Januarnacht auf dem Grönenbacher Bahnhof. Der Mann war wie ich mit dem Münchner Zug gekommen. Schweigend sind wir miteinander den verschneiten Weg nach Wolfertschwenden gelaufen.
Wie eine Fremde kehrte ich in meinen Heimatort zurück. Vor dreizehn Monaten hatte ich den Weg in umgekehrter Richtung gemacht. Mein Begleiter war damals ein Polizist. Am Ortseingang hatte er mir mit der Pistole gedroht. Das war im Dezember 1943.
In dem kleinen Allgäuer Dorf Wolfertschwenden, das damals ungefähr 600 Einwohner hatte, bin ich 1921 geboren. Meine Familie gehörte zu den Kleinstbauern. Mein Vater war Drechsler, Zimmermann und Rechenmacher. Eigenes Land hatten wir nur vier Tagwerk. Mein Vater musste noch Land dazupachten, damit das Futter für die drei Kühe ausreichte. Außerdem haben mein Vater und meine Mutter die vier Kilometer bis Darast die Straßengräben ausgemäht.
Ich bin sehr einfach aufgewachsen, aber ich habe mich in meiner Familie geborgen gefühlt. Ich hatte fünf Geschwister, drei Brüder und zwei Schwestern, zu denen

dann noch ein Pflegebruder, ein Cousin, dazukam. Mein ältester Bruder Alois ist mir oft wie ein zweiter Vater zur Seite gestanden.

Mit sechs Jahren kam ich in Wolfertschwenden in die Volksschule. Sie hatte damals sieben Klassen. Wir hatten einen alten Lehrer, aber ich muss heute noch sagen, er war sehr tüchtig. Denn wir waren – alle sieben Klassen, etwa sechzig Kinder – in einem Schulzimmer zusammen. Er hat jeweils zwei Klassen unterrichtet, bloß die erste Klasse war für sich. Während er mit einer Gruppe laut arbeitete, hatten die anderen Kinder Stillarbeit zu erledigen.

Wir haben alles gelernt, zwar nicht in dem Sinn, wie sie heute lernen müssen. Wir mussten schönschreiben und rechtschreiben, wir haben lesen und rechnen gelernt. Auf das Rechtschreiben hat unser Lehrer besonders geachtet. Wir mussten alle Punkte und Kommas genau setzen. Als Hausaufgaben hatten wir viel zu üben, z. B. mussten wir Wörter mit Doppel-t oder Doppel-p schreiben. Besonders gefallen hat mir, dass der Lehrer wunderbar zeichnen konnte.

Sommerschule hatten wir von Früh bis Mittag, Winterschule war auch nachmittags, da gab es ja zu Hause nicht so viel zu tun. An die siebte Klasse schloss sich für diejenigen, die keine Lehre machten und die Berufsschule besuchten, die Fortbildungsschule an, die sonntags stattfand, gefolgt von der Christenlehre.

Dies traf für mich 1934 zu. Mein Wunsch war, Schneiderin zu werden. Aber ich bekam keine Lehrstelle. Zuerst sah es so aus, als ob ich mein Berufsziel trotzdem verfolgen könnte. Ich durfte zu den Nonnen in Ottobeuren in die Nähschule gehen. Dort hat es mir sehr gut gefallen. Ich war den Nonnen gehorsam, und ich war immer sehr, sehr ehrgeizig. Und so hab ich's einfach zu gut gekonnt. Ich hab zu viel Stoff verbraucht. Das Material musste man selber stellen, und meine Mutter hatte nicht das Geld, um mir immer wieder Stoff zu kaufen. Nach etwa acht Wochen war diese interessante Zeit vorbei. Ich musste mich umstellen.

## *Du musst schauen, dass es geht!*

Damals brauchte meine Tante, die in einer Einöde in der Nähe von Krugzell wohnte, jemanden, der ihren Haushalt machte. Sie war Schneiderin und ihr Mann hatte eine Schreinerei. Sie lag mit Oberschenkelhalsbruch ein Vierteljahr daheim in Gips, und ich wurde dorthin geschickt, um sie voll und ganz zu vertreten. Mit meinen fünfzehn Jahren brachte ich das schon zustande, denn selbstverständlich hatte ich meiner Mutter zu Hause zur Hand gehen müssen. Ich musste alles so machen, wie es die Tante sagte. Ich hab gekocht, gewaschen und geputzt, und dazu kam noch ein schöner großer Garten. Meine Tante war mit mir zufrieden, und sie hatte immer ein gutes Wort für mich. Ein Lob war für mich mein Leben lang sehr wichtig.

Meine Tante hat als Hobby die Kirchenwäsche von Krugzell in Ordnung gebracht: gewaschen, gestärkt und gebügelt. Damals, ohne Waschmaschine, war es keine leichte Arbeit, die großen Stücke im Kessel einweichen, bürsten und immer wieder ausschwenken und auswringen. Das Besondere war dann das Bügeln. Von ihrem Bett aus hat mir die Tante buchstäblich jeden Handgriff beigebracht. Und sie war super genau, vor allem, was die breiten Spitzen und die Stickereien anging.

Die Wäsche musste ich dann in Krugzell abgeben. Und dort bin ich auch in die Fortbildungsschule und in die Christenlehre gegangen. Einmal hat der Pfarrer in der

Christenlehre in der Kirche gesagt: „Schaut euch diese Arbeit an! Das macht ein Mädchen von fünfzehn Jahren." Da bin ich, glaube ich, einen halben Meter größer geworden, solchen Stolz hatte ich.

Dies war meine erste Stelle als „Haustochter", wie man diese Tätigkeit damals nannte.

Als meine Tante wieder gesund war, kam ich zum ersten Mal in fremde Dienste. Unsere Nachbarin in Wolfertschwenden, die eine große Landwirtschaft hatte, holte mich als Untermagd. Was an Arbeit gerade gekommen ist, musste ich machen: im Stall, auf dem Feld, im Garten und was in einem großen Haushalt zu tun ist. Später kehrte ich zu dieser Bäuerin noch einmal zurück, aber jetzt wollte ich nach einem Jahr auch etwas anderes sehen.

Ich wollte die Stadt kennenlernen. Und so kam ich in den Haushalt zu einem Vermessungsdirektor nach Memmingen. Aber nach drei Monaten hat es mir gereicht. Es hatte geheißen: „mit Familienanschluss". Es war alles andere als Familienanschluss. Gegen den Mann kann ich nichts sagen, aber für ein Dienstmädchen war die Frau einfach nichts.

Die Herrschaften haben gut gegessen, aber ich bekam nur, was übrig blieb. In Memmingen hab ich den Hunger kennengelernt. Wann immer ich etwas Zeit erübrigen konnte, bin ich schnell in die Stadt zum Bäcker gesprungen und hab mir von meinen paar Mark – fünfzehn Mark war mein Verdienst im Monat – Brot gekauft. Und jeden

Sonntag bin ich mit dem Fahrrad heimgefahren, um mich einmal satt zu essen.

Und die Unterbringung! Die Leute wohnten im Parterre und ich hatte einen abscheulichen Winkel im zweiten Stock oben. Ohne Klo. Und vor sechs Uhr durfte ich morgens die Wohnung nicht betreten. Die Arbeit musste streng nach Stundenplan gehen. Für jede Arbeit war genau die Zeit vorgeschrieben. Aber es war einfach fast unmöglich, damit zurechtzukommen.

Ich hätte bei der Frau einiges lernen können, ich wär ihr ja so dankbar gewesen, wenn sie mir etwas gezeigt hätte. Beispielsweise hat sie für sich und ihre zwei Töchter selbst die Leinenunterwäsche angefertigt und mit wunderbarer Rundstickerei verziert, aber dass sie mir so etwas vorgemacht hätte, davon konnte keine Rede sein.

Als zum ersten Mal Waschtag war, hat sie alle meine Sachen in eine Ecke geworfen. Nachdem ihre Wäsche fertig war, wurde dann meine, weiß wie bunt, in die alte Lauge gegeben. Damals haben die Stoffe noch alle gefärbt, man kann sich vorstellen, was da herauskam. Daraufhin hab ich meine Wäsche heimgebracht zu meiner Mutter.

Wie es früher halt war: Ich hab mich eigentlich immer an den Spruch meiner Eltern gehalten: „Du musst schauen, dass es geht!“ Aber nach einem Erlebnis, da ging es einfach nicht mehr.

Einmal hat die Frau die Strümpfe von ihrem kleinen Mädchen, dem achtjährigen, nicht gefunden. Ich sagte: „Frau Direktor“ – so musste ich sie anreden –, „die Strümpfe hab ich in die Schublade gelegt." Darauf wühlte und wühlte sie in den Sachen herum, fand aber nichts. „Frau Direktor, darf ich mal nachsehen, ich hab sie ja reingelegt", war mein Angebot. Aber so schnell war ich noch nie an der Wand, wie sie mich hingeschlagen hat! Darauf zog sie sich blitzartig an und verließ das Haus.

Ich fand die Strümpfe sofort, sie lagen unter den Hemden. Gottlob, sie waren da! Dann dachte ich mir: Der muss ich heut eine Freude machen, wenn sie heimkommt. Jetzt bügle ich die ganze Wäsche! Und ich konnte ja bügeln! Die ganze Bettwäsche hab ich gebügelt und die Hemden vom Herrn exakt und sauber zusammengelegt. Ich konnte es schier nicht erwarten, dass sie heimkam. Zu hören bekam ich dann: „Das nächste Mal lassen Sie Ihre Dreckspfoten von meiner Wäsche!"

Zu den wieder aufgetauchten Strümpfen behauptete sie, ich hätte sie zurückgelegt, aber eigentlich gestohlen. Und auf den Einwand, was ich mit den Kinderstrümpfen anfangen sollte, hieß es schließlich, ich hätte sie für meine Geschwister genommen.

Als ich meinen Eltern am nächsten Sonntag alles erzählt hatte, setzte sich meine Mutter hin und schrieb einen Kündigungsbrief an die Frau Direktor.

Auch bei den nächsten beiden Stellen als Dienstmädchen hatte ich keine gute Zeit. So war ich froh, als mich im Sommer 1939 meine erste Bäuerin, die Frau Höfelmayer, wieder zu sich holte, diesmal als Obermagd. Sie war eine resolute Frau, es hieß viel und gewissenhaft arbeiten. Der Verdienst war dreißig Mark im Monat.

Bei der Arbeitszeit hat man früher nicht nach der Stunde gefragt. Aufstehen musste ich sehr früh, um fünf Uhr, und abends wurde es oft nach neun. Freizeit gab es nur Sonntagnachmittag. Ich war froh, wenn ich bis zwei Uhr fertig war, und um vier Uhr musste ich wieder zur Verfügung stehen. Das ist auch der Grund, warum ich nie eine Freundin hatte. Die gleichaltrigen Mädchen waren nicht im Dienst, sondern arbeiteten zu Hause. Keine hätte mit einem Ausflug oder anderen Unternehmungen bis zwei Uhr auf mich gewartet, und keine wäre meinetwegen so früh wieder zurückgekehrt. Mein sonntäglicher Ausflug führte mich ins Nachbarhaus zu meiner Mutter.

Das Gehorchen war im Dienst eine Selbstverständlichkeit. So manches Mal dachte ich mir bei einer Arbeit: Herrschaft nein, muss das jetzt sein? So musste ich zum Beispiel einmal, als es Kannen vom Himmel goss, den ganzen Tag auf dem Feld bleiben und Mist verteilen. Aber mit der Zeit wird man alles gewöhnt, auch das Gehorchen.

Da die Bäuerin selber die Arbeit nicht scheute, konnte ich viel bei ihr lernen. Als ich im Sommer 1940 zu dem Großbauern N.* wechselte, sagte sie, wie ich später von ihm erfuhr, zu meinem neuen Arbeitgeber: „Ein solches Mädchen findest du nicht mehr!“

* Name geändert.

## *„Halt's Maul, sonst kommst nach Dachau!"*

Als Naziherrschaft und Krieg sich ganz unmittelbar auf mein Schicksal auswirkten, traf es mich nicht unvorbereitet. Ich hatte gelernt, dass die Menschen in zwei Gruppen einzuteilen seien: in Arier und Untermenschen. Ich erinnere mich, dass eine bebilderte Broschüre verteilt wurde, in der auf je zwei Seiten die Unterschiede herausgestellt wurden. So sah man links eine Frau im Sonntagsstaat, strahlend und wohlfrisiert: Das war die deutsche Frau. Und rechts war eine Frau im ganz schlechten Arbeitsgewand und mit zerzaustem Haar zu sehen: die Polin, der Untermensch. Dazu passte dann der Spruch: „Pole bleibt Pole. Pole sei nicht dein Kamerad!"

Juden lebten nicht in Wolfertschwenden. Aber in Memmingen gab es viele, auch wohlhabende Geschäftsleute. Was in Memmingen geschah, haben wir natürlich erfahren. Ich kannte eine Frau in der Stadt, die weinte, als sie mir von der Pogromnacht erzählte: „Das war furchtbar. Die haben alle Geschäfte kaputt gemacht, alles zerrissen, zerschlissen, zerschnitten, Betten hat man aufschneiden müssen, damit die Federn rumgeflogen sind." – Aber schon gleich zu Anfang der Nazizeit hat man ja Posten vor die jüdischen Geschäfte gestellt, dass niemand hineingeht – bevor man die Geschäfte vernichtet hat.

Ja, meine Eltern haben auch bei den Juden gekauft, viele haben bei den Juden gekauft, auch unser Bürgermeister. Am Weinmarkt in Memmingen gab es das Stoffgeschäft

„Laupheimer". Das waren drei Brüder. Ein Bruder war im Geschäft, die anderen zwei sind auf die Dörfer gegangen und haben die Leute gefragt, ob sie was bestellen möchten. Proben von ihren Waren haben sie hergezeigt. Der eine Bruder besuchte den Norden Memmingens, der andere kam zu uns. Mit dem Zug bis Bahnhof Grönenbach und dann zu Fuß. Meine Mutter hat oft gesagt: „Mei, ich tät halt gern was kaufen. Ich könnt auch was brauchen, aber ich hab kein Geld."
„Ach", hat der Herr Laupheimer gesagt, „Frau Zick, kaufen Sie's doch! Schauen's, und wenn Sie jede Woche nur *eine* Mark zurückzahlen, bin ich auch zufrieden."
Meine Mutter hat immer abzahlen können, natürlich nicht mit einer Mark. Aber es gab keinen Ratenzins. Und mein Vater hat bei keinem anderen so gutes Vieh kaufen können wie beim Viehhändler Einstein. „Ludwig, nimm das Stück!", so hör ich ihn heute noch. Ohne Abzahlung hätte mein Vater gar nicht kaufen können. Der Verdienst war doch früher so klein. Da waren Leute wie wir froh, dass wir auch mal was kaufen konnten.
Uns hat es wehgetan und wir haben es nicht verstanden, dass ab der Pogromnacht die Juden immer mehr gedrückt und schließlich weggeführt wurden. Wohin, wussten wir nicht, aber dass ein bitteres Schicksal sie erwartete, war uns nach der Hetze und nach dem, was man bisher gehört hatte, klar.
Bei uns und in der weiteren Umgebung war das Wort „Dachau" *das* Wort. Den Begriff KZ kannten wir nicht.

Wir hatten keine Vorstellung, was die Menschen in „Dachau“ erwartete. Aber es musste dort schlimmer sein als in einem Zuchthaus. Dass es so viele KZs gab, wussten wir nicht. Mit dem Abtransport der Juden kam uns das Wort „Dachau“ in den Sinn. „Dass man nach Dachau kommt, das hat's gleich“ war die weitverbreitete Meinung. So hatte in unserem Dorf jeder Angst vor jedem. Man durfte ja nichts reden! Wir schimpfen doch heute oft über die Regierung, unwillkürlich. Wenn es auch keinen Wert hat. Aber damals, wenn man *ein* Wort gesagt hat und ist an die falsche Adresse gekommen, da war man dran.

Einmal erzählte uns mein Vater, wie am Stammtisch plötzlich alle Männer starr vor sich hin geschaut haben. Ein Mann hatte gesagt: „Unser Führer ist von Gott gesandt.“ Ein anderer hatte gefragt: „Und wer wird ihn holen?“ Mit am Tisch saß der Bürgermeister!

Es ist aber wegen ihm nie jemand verhaftet worden. Unser Bürgermeister, obwohl er natürlich sein Parteiabzeichen trug und noch dazu Ortsgruppenleiter war, war sehr human. Er hat nie jemanden hingehängt oder dafür gesorgt, dass einer an die Front kam.

Gefährlich war dagegen der Hilfspolizist. Von ihm ging die Rede, dass er an den Fensterläden horchte, ob man den „Feindsender“ lauschte. Das ganze Dorf hat sich gefreut, als er Soldat wurde und nach Russland kam.

Als man wieder einmal in einer Abstimmung mit Ja oder Nein antworten musste, war es in Wolfertschwenden Ortsgespräch, es habe *eine* Neinstimme gegeben. „Wer kann das sein?" So ging überall die Frage. Aber man hat es nicht rausgebracht. Man hat vermutet, dass es der Käsermeister war. Mein Vater hat auch Angst gehabt um sein Leben und wahrscheinlich auch mit Ja gestimmt.

Die Einstellung im Dorf zur Hitlerherrschaft und zum Krieg war sehr unterschiedlich. Parteigenossen waren natürlich alle Amtspersonen und die meisten größeren Bauern. Die mussten ja fast das Abzeichen tragen, wenn sie vom Arbeitsamt Arbeitskräfte zugeteilt haben wollten. Auch wollten sie sich davor schützen, an die Front geschickt zu werden.

Die kleinen Leute hat es natürlich voll getroffen. Man hat gesehen, wie die Männer einrücken mussten: Der musste fort und der musste fort! Auch meine drei Brüder wurden eingezogen. Im Ganzen herrschte eine gedrückte Stimmung, obwohl es auch einige gab, die von nichts hören wollten als vom Sieg.

Mein Vater hatte den Ersten Weltkrieg mitgemacht. Von ihm wussten wir, was Krieg bedeutet. Einen einfachen Satz hat er oft wiederholt: „Die Juden oder die Polen oder die Russen sind Menschen wie wir." Mein Vater hat für die Hitlerherrschaft nichts übrig gehabt.

Eine Anzeige wegen Radiohorchen hat es gegeben. Davon haben mir meine Eltern erzählt, weil das 1944 geschah, als ich nicht mehr in Wolfertschwenden war. Gegenüber von meinen Eltern wohnte eine Engländerin. Sie kam aus Stuttgart. Ihr Mann war sehr krank, und der Arzt hatte geraten, ihn in die gute Luft ins Allgäu zu bringen. Der

Mann starb aber bald. Sie hatte zwei Mädle, fünf und sechs Jahre alt. Zuerst war die Frau dagegen, dass die Kinder, wenn sie in der Arbeit war, mit meinen Schwestern zusammen waren und am liebsten im Stall waren. Sie rochen nach Stall, wenn sie heimkamen, und das war die Mutter nicht gewöhnt. Aber eines Tages hat mein Vater sie draußen abgefangen und zu ihr gesagt: „Jetzt sag einmal" – er hat gleich du zu ihr gesagt –, „warum lässt du die Kinder nicht mehr zu mir? Sie sind bei uns aufgehoben und meine Kinder wollen zu Kindern. Das solltest du verstehen." Und die Frau war dann bald selber so, dass sie am liebsten unter die Kühe gekrochen wäre. Sie wurde eine ganz gute Nachbarin. Sie hat natürlich den englischen Sender gehört. Sie ist oft hereingekommen: „Vater Zick, so und so steht's. So weit sind sie schon." Sie kannte ja die Einstellung meines Vaters.

Kurz vor Weihnachten wurde sie verhaftet. Sie kam zu meiner Mutter und bat sie, die Kinder zu sich zu nehmen, und sie wollte nicht, dass sie mit ansahen, wie sie von der Polizei abgeführt wurde. Meine Mutter hat die Mädle jeden Tag getröstet: „Die Mama kommt bald wieder, sie ist vielleicht krank." Nach Weihnachten kam die Stuttgarter Freundin der Nachbarin und sagte, sie hole die Kinder zu sich. So hat meine Mutter sie ihr mitgegeben. Aber sie hatte keine Ruhe. Am Abend, bei totaler Dunkelheit, ist sie zum Bahnhof Grönenbach gelaufen. Und da saßen die beiden Kinder allein im eiskalten, stockdunklen Warteraum und weinten. So nahm sie sie wieder mit, und sie blieben bei meinen Eltern, bis sie von Verwandten, die mein Vater benachrichtigt hatte, nach Salzburg geholt wurden.

Kurz bevor die Amerikaner am 27. April 1945 nach Wolfertschwenden kamen, kam die Frau mit dem Völkerwanderungsstrom, der sich vor Kriegsende nach Süden ergoss, nach Wolfertschwenden. Sie war in Memmingen gefangen gehalten und nicht mehr weitergeschickt worden. Sie hatte erfahren, dass ihre Freundinnen, die Stuttgarter Freundin und die aus Wolfertschwenden, die viel bei ihr zu Besuch waren, sie angezeigt hatten. Jetzt war sie auf dem Weg nach Salzburg zu ihren Kindern, denn davon hatte man sie benachrichtigt. Sie ging dann mit den Töchtern nach England und später nach Amerika. Die jüngste Tochter ist Tierärztin geworden.

## *Hundert Eier oder Kopf ab!*

Ein eigenes Kapitel drehte sich im Krieg um die Abgaben. Getreide hatten wir ja nicht, wie viel die großen Bauern abliefern mussten, weiß ich nicht. Wir mussten Milch und Eier abgeben. Von den Hühnern hieß es: „Hundert Eier oder Kopf ab!“ Gemeint war eine Henne im Jahr. Nach dem Futter hat niemand gefragt. Man durfte nur eine bestimmte Zahl Hühner haben. Aber wir wussten ja, wann die Tierzählung war, da hat man halt die übrigen Hühner auf dem Dachboden versteckt. Jetzt war aber der Fuchs oft da. In dem Fall musste man „Beweise“ haben, nämlich die Flügel und die Füße. Aber die hat der Fuchs doch nicht zurückgelassen. Schon deswegen musste man immer mehr Hühner haben als vorgeschrieben. Man musste lügen!

Zur Milchkontrolle kam eine Supernazi. Sie erschien einmal im Monat zum Milchmessen, und zwar am Abend und dann am anderen Tag in der Früh. Am Abend hat sie sich gern zur Brotzeit einladen lassen, aber wenn mein Vater aufgestanden und in den Stall gegangen ist, ist sie gleich mitgelaufen. Jetzt wusste man ja ungefähr, wie viel Milch jede Kuh gab. Und da durfte man eben nicht ganz ausmelken. Und am nächsten Morgn mussten wir ganz früh aufstehen und ungefähr so viel wegmelken. Einen halben Liter Milch pro Person durfte man behalten. Aber die Kuh gibt ganz verschieden Milch, je nachdem, ob sie frisch gekalbt hat oder ob sie trägt, zum Schluss setzt sie

ja aus. Unsere Nachbarin, die Frau Höfelmayer, hat gleich eine ganze Kuh vor der Kontrolle versteckt – sie hatte ja genug Platz.
Mit der Milch, die man „übrig" hatte, wurde gebuttert, natürlich heimlich. Frau Höfelmayer hatte sogar eine richtige Zentrifuge, wie in der Molkerei, nur kleiner. Sie hatte ihren Eimer voll Fett und konnte ihren Leuten gutes, kräftiges Essen vorsetzen. Sie hat gesagt: „Sie müssen schaffen, sie müssen auch essen." Von ihren Arbeitern hat sie keiner angezeigt.
Wenn man schlachten wollte, musste man beim Bürgermeister die Genehmigung holen. Nach dem Schlachten musste man das Fleisch abwiegen, und dann wurde das Gewicht mit den Lebensmittelmarken verrechnet. Aber die Sau hatte ja auch Knochen, die wurden nicht abgezogen. Aber der Mensch weiß sich zu helfen. Bei Frau Höfelmayer hat man immer zwei Säue gemetzgert, aber nur eine wurde angegeben. Der Metzger war ja froh, wenn er auch etwas davon gehabt hat. Man ist so vorgegangen: Ein Schwein hat man vom Saustall in die Waschküche, wo geschlachtet wurde, gebracht, das hat geschrien, weil man es an den Ohren gezogen hat. Dem zweiten hat man einen Kübel mit Futter vor den Rüssel gehalten, und das ist gern mitgelaufen, ohne Schreien. Das Fleisch hat Frau Höfelmayer ja nicht für sich behalten. Allerdings sind wegen Schwarzschlachten manche angezeigt und eingesperrt worden, aber nicht in unserem Dorf.
Hinter dem Tabak waren die Kontrollen natürlich auch

her. Sieben Pflanzen durfte man anbauen. Mein Vater hat so gern geschnupft, und da hat er in seinem großen Garten halt mehr gehabt. Aber sie sind ihm draufgekommen, und da musste er alle Pflanzen in den Mist eingraben. Er hat sie aber wieder ausgegraben, gewaschen und getrocknet.

Dass viele von der Stadt gekommen sind, um zu hamstern, das war ja kein Wunder. Es war bestimmt schwer, von Haus zu Haus zu laufen und zu bitten und zu betteln. Verwandtschaft hatten wir plötzlich, von der wir vorher nie etwas gehört hatten.

## *Fremde muss man heben!*

Ich war schon ein paar Monate als Magd beim Bauer N. An einem Abend im November 1940 war ich in der Küche und hab Geschirr gewaschen. Da hörte ich von der Stube nebenan Stimmen. Ich war neugierig, um was es da ging, und zum Glück hatte ich das Besteck, das ich in die Schublade einräumen musste. Ich ging rüber und ließ mir Zeit mit dem Einsortieren. Außer meinem Bauern und der Bäuerin saßen am Tisch ein Bauer aus Wolfertschwenden und ein junger Mann, der kein Wort sprach. Es war *ein* Blick und ich wusste: Der gehört zu mir und der weiß es genauso, dass wir zusammengehören. Wer der Fremde war und woher er wohl kam, daran dachte ich überhaupt nicht.

Dabei war ich ja daran gewöhnt, dass in den Dörfern mehr und mehr Männer und Frauen aus den von Deutschland besetzten Gebieten bei den Bauern die Arbeit tun mussten, sie mussten die Arbeitskräfte ersetzen, die eingezogen waren. In Wolfertschwenden waren es hauptsächlich Franzosen und etwa fünfzehn Polen.

Zu den polnischen Zwangsarbeitern gehörte dieser Henryk Wrzesinski, der von dem anderen Bauern zu meinem Bauer gebracht wurde. Die Behandlung dieser aus ihrer Heimat und aus ihren Berufen herausgerissenen Menschen war von Bauer zu Bauer verschieden. In den meisten Fällen – so wie auf meinem Hof – erging es ihnen wie den einheimischen Knechten und Mägden, sie mussten wie diese schwer arbeiten, hatten kaum Freizeit, saßen aber auch wie diese am gemeinsamen Tisch. Im Umgang mit ihnen zeigte sich kaum die Einstellung zum „Untermenschen", wie sie offiziell den Leuten eingebläut wurde.

Jeder im Dorf wusste, wie es den Fremdarbeitern bei ihren Bauern erging. Da wusste man von der Frau Höfelmayer, die alles daran setzte, ihre Dienstboten gut zu verpflegen, so wusste man aber auch von dem Ortsbauernführer, dass seine Leute extra essen mussten und ihnen das Brot vorgeschnitten wurde – und zwar sehr sparsam –, während er es sich mit seiner Familie schmecken ließ.

Auf unserem Hof hätte es uns Dienstboten, einem kleinen Russen, dem Henryk und mir, recht gut gehen können, wenn es nur nach dem Bauern gegangen wäre. Er war mit Leib und Seele Bauer, war stolz auf sein Vieh und seine Felder, arbeitete selber schwer, hat gesehen, wie wir geschafft haben, und wusste oft ein gutes Wort für unsere Arbeit.

Aber die Frau war absolut keine Bäuerin, kümmerte sich nicht um ihre Aufgaben, auch nicht ihrem Mann zuliebe. Einmal kam er voller Freude in die Küche: „Die Kuh musst anschauen kommen, die hat ein Euter wie Seide!" Sie hat nicht reagiert. Da ist er so bitter enttäuscht weggelaufen. Wenn sie nur einmal mitgegangen wär, er hätte sie zum Stall hinter und wieder vor getragen. So war unser Bauer.

Weil ich meine Arbeit gern und gut gemacht habe und

deswegen auch oft ein Lob bekam, war die Bäuerin eifersüchtig auf mich und hat mir das zu spüren gegeben.
Einmal hab ich von außen Parterre rundum die Fenster geputzt. Ich war schon wieder bei der Haustür, da ist der Bauer gekommen: „Jetzt sind die Fenster wieder sauber. Die Anni macht das doch“, hat er gesagt.
„Ja, jetzt sind sie sauber, aber ein zweites Mal putz ich sie heut nicht mehr!“
„Wieso?“
„Weil die Bäuerin grad den Kindern gesagt hat, sie sollen die Fenster wieder verstreichen.“ So war sie.
Wir haben am Tisch mit dem Bauern und der Bäuerin gegessen. Die vier Kinder saßen an einem kleinen Extratisch. Gegessen wurde aus einer Schüssel in der Mitte und ohne Teller. Satt wurden wir nie. Die Bäuerin hat nicht selber gekocht, sondern ihre Mutter. Die war arg zusammengeschafft, war so ein kleines Weiblein. Und die hat nach ihrem Appetit gekocht. Aber wir jungen Leute, wir haben den ganzen Tag geschafft. Wir hatten doch Hunger.
Morgens nach dem Stall um sieben Uhr gab es den einen Tag ein Mus aus einer Art Grießmehl. Es war schon gut, aber viel zu schnell war die Schüssel leer. Den anderen Tag hat es dann gedämpfte Kartoffeln gegeben, Kartoffeln vom Vortag, geröstet und gedünstet. Wir haben das sehr gern gegessen, wir hätten nur gern viel mehr gehabt. Zum zweiten Frühstück, so um halb elf, gab es Kartoffeln und Milch. Am Mittag kam die Schüssel Suppe. Aber erst mussten die Kinder versorgt werden, da blieb für uns

nicht mehr viel. Und danach das bissele Nudeln! Das war immer viel zu wenig. Der Bauer ist dann öfter aufgestanden und nach oben gegangen und hat sich von seinem Räucherfleisch etwas abgeschnitten. Ich kann ihm heute noch nicht bös dafür sein, er hatte auch Hunger.

Ich hatte eine ganze Zeit lang Glück, dass zwei Hennen an einen anderen Platz gelegt haben. Und die zwei Eier hab ich in der Kindswäsche gekocht. Der Kleinste war acht Monate alt und da hatte ich jeden Tag einen Haufen Windeln zu waschen. In der Kindswäsche waren meine Eier sicher.

Als die Fremdarbeiter in das Dorf gekommen waren, hat es nicht lange gedauert, bis sie am freien Sonntagnachmittag einen Treffpunkt bei meinem Vater in der Werkstatt gefunden hatten. Mein Vater hatte die Einstellung: „Fremd sein ist elend sein. Den Fremden muss man heben und halten." Wenn einer von den Fremdarbeitern mit kaputtem Werkzeug zu ihm geschickt wurde, dann hat er sich mit ihm – wie es halt ging – unterhalten, und so hatte sich rumgesprochen: Zum Zick oben dürfen wir kommen.

Mein Vater hat einen älteren Menschen beobachtet, der im Winter draußen arbeiten musste und in seinem leichten, zerrissenen Gewand und in Holzschuhen ohne Strümpfe erbärmlich fror. Als er an unserem Haus vorbei ging, hat mein Vater gesagt: „Schau, dem müssen wir was geben!" Meine Mutter hat warme, selbstgestrickte Socken herausgeholt und eine schöne warme Jacke. Ich ging runter und wollte dem Mann die Sachen geben. Aber er war sehr scheu. Wenn man fremd ist, vertraut man auch nicht. Man hat den Deutschen nicht getraut und wir haben ihnen nicht getraut. Man hat uns ja wer weiß was alles einreden wollen. Der Mann hatte zuviel Angst, etwas zu nehmen. „Schau Stanitz", sagte ich und zog mir die Jacke selbst an, und als ich sie ihm wieder gab, hat er sich beim Anziehen helfen lassen und hat sich gefreut.

Wie oft ist dieser Mann dann zu uns gekommen! Er hat so gerne Äpfel gegessen. Mein Vater hatte ja den großen Obstgarten. „Komm, wir gehen in den Keller und holen eine Schüssel Äpfel!" Und von denen hat der Stanitz sich dann alle Taschen voll gesteckt und hat gelacht. Langsam hat er dann auch Deutsch gelernt. Und im Sommer! Wir hatten doch Birnen, Äpfel, Zwetschgen, wir hatten doch alles. Wie oft hat mein Vater zu den Fremdarbeitern gesagt: „Kommt, wir gehen in den Garten, ein bisschen schütteln!" Und Beeren durften sie auch zupfen, es war ja genug da.

Das hat unsere Nachbarin, die Frau Höfelmayer, die die Männer am Gartenzaun sah, nicht für gut befunden. Ging es um das Verbot, den Fremdarbeitern nicht nahzukommen? Nein, es war anders gemeint. Sie wollte nicht, dass die Leute sagen konnten, dass ihre Arbeiter bei uns etwas bekamen, was sie ihnen nicht gab. „Du, Dora", sagte mein Vater, „sei doch vernünftig und lass deine Leute das bissele Beeren brocken. Du hast auch Beeren, aber du machst

Marmelade und Kompott und gibst es deinen Leuten auf diese Weise." So war der Friede wieder hergestellt.
An das Verbot dachten beide nicht. Dafür dachten andere Menschen daran und schickten den Polizisten zu uns. Der ist mehrmals gekommen. Mein Vater hat jedes Mal gesagt: „Das tut dir gar nicht weh! Lass den Leuten das bissele Beeren und lass den Leuten das bissele Obst." Der Polizist hat es damit gut sein lassen.
Meine Schwester fuhr mit dem Fahrrad auf dem Weg zur Arbeit am Grönenbacher Bahnhof vorbei, und dort arbeitete eine russische Kolonne – wo sie untergebracht waren, wussten wir nicht. Und diese Menschen hatten furchtbar Hunger. Mein Vater bestimmte: „Du nimmst ihnen ein Brot mit!" Aber sie durfte es ihnen nicht geben, sie musste es unauffällig im Vorbeifahren fallen lassen.

## *„Du meine Frau!"*

Der junge Mann, der am 9. November 1940 in der Stube meines Bauern saß, hieß Henryk Wrzesinski, war zwanzig Jahre alt und kam zusammen mit seiner Schwester Elsbeth aus einer kleinen polnischen Stadt: Petrikow, Kreis Alexandrowo. Im Mai 1940 waren sie mit einem Riesentransport in Kempten angekommen. Ihr Vater war früh gestorben und ihre Mutter musste zehn Kinder großziehen.

Henryk war Bäcker. In seine Bäckerei kam ein SS-Mann und teilte ihm mit, er wolle ihn nach Halle in seine eigene Bäckerei bringen. Die Bäckersfrau, die wusste, dass Henryks Mutter auf seine Unterstützung angewiesen war, wollte ihn zurückstellen lassen, aber da waren die Papiere schon weg. Da es nur für eine Saison sein sollte, packte Henryk nur einen kleinen Koffer mit dem Allernötigsten. Seine Schwester Elsbeth war direkt verschleppt worden. Sie kam aus der Kirche, vor der die SS wartete und die brauchbaren Arbeitskräfte aussonderte. Beide wussten, dass eine Weigerung den bestimmten Tod bedeutet hätte. Bei ihrer Ankunft in Kempten wurden die Geschwister getrennt; Henryk hat erst später mit Hilfe eines Deutschen erreichen können, dass er nach Wolfertschwenden kam, wo sie bereits bei einem Bauern arbeitete.

Auf der Polizei erfuhren sie, was von ihnen alles verlangt wurde, und vor allem, was ihnen verboten war. Sie mussten sich jede Woche auf der Polizeistation melden,

sie durften ihren Ort nur mit einer polizeilichen Erlaubnis verlassen. Die Messe durften sie nicht besuchen. Ihnen stand nur eine halbe Kleiderkarte zu, was sich bei dem winzigen Gepäck, das sie mitgebracht hatten, im Winter sehr hart auswirken sollte. Vor allem wurde ihnen vor Augen gestellt, dass auf einem Verhältnis zu einem Deutschen die Todesstrafe stand.
Mit allen Verboten machten die Geschwister Bekanntschaft. Elsbeth, die sich in der Kirche in einen Gebetsstuhl gesetzt hatte, den eine Wolfertschwenderin sonst einnahm, wurde von dieser aus der Kirche gewiesen. Henryk wollte an einem Sonntagnachmittag einen Kameraden in Niederdorf, dem nächsten, einen Kilometer entfernten Dorf, besuchen. Kaum hatte er die Stube des Bauern betreten, telefonierte dieser, der übrigens Ortsbauernführer war, auf der Polizeistation Wolfertschwenden an und befahl Henryk dann, sich dort umgehend zu melden. Zu der Verwarnung gab es eine Strafe von dreißig Mark. Bei einem Monatslohn von einundzwanzig Mark siebzehn bedeutete das: eineinhalb Monate dafür zu arbeiten.
Der Henryk und ich, wir waren vom ersten Tag an ein Herz und eine Seele. Wir waren fast den ganzen Tag zusammen bei der Arbeit, ich musste ihn ja überall einweisen. Es hat nicht lange gedauert, bis er zu mir gesagt hat: „Du meine Frau!" – er wusste sich ja nicht besser auszudrücken!
„Henryk, ich mag dich sehr gern, aber es darf nicht sein. Die Strafe ist zu groß." So musste ich ihm immer wieder antworten. Wie gern wir uns mögen haben, das durfte

niemand wissen. Am Tag mussten wir uns verstellen, und wir konnten ja nicht einmal zusammen spazieren gehen. Nur abends, im Dunkeln, konnten wir uns manchmal zusammenfinden, hinterm Haus oder in einer Scheune. „Es darf nicht sein, es darf nicht sein." Aber nach zweieinhalb Jahren hat man doch einmal eine schwache Stunde. – Ich wurde schwanger, und jetzt fingen die Sorge und die Not an.

Wir versprachen uns, dass wir die Wahrheit sagen, mag kommen was will. Wenn man lügt, sagt man schnell was anderes, weil man nicht mehr weiß, was man gelogen hat. Aber die Wahrheit bleibt immer die Wahrheit.

Im Spätherbst, Oktober/November 1942, hab ich mir gedacht: Ich geh heim, ich sag`s meinen Eltern, kann's gehen wie's will. Ich will nicht, dass sie es von anderen erfahren. An einem Sonntagnachmittag nahm ich es mir vor. Es waren nur die Mutter da und meine zwei Schwestern. „Mutter, ich erwarte ein Baby." Mutter hat gesagt: „Der Vater ist in der Wirtschaft, da komm nur abends wieder und sag's dem Vater selber."

Am Abend hab ich den Gang noch mal gemacht, und bei der Haustüre hatte ich keinen Mut mehr reinzugehen. Da bin ich hinters Haus gelaufen und hab am Fensterladen von der Küche gehorcht, was sie so sprechen. Ich hörte, wie mein Vater sagte: „Das, Frau, ist vor tausend Jahren vorgekommen, und in wieder tausend Jahren kommt das auch vor. Und Anni kommt heim." Jetzt hab ich den Mut gehabt und bin um das Haus zurückgelaufen und in die Küche gegangen. Die ganze Familie war beieinander, auch meine Schwestern und auch mein Pflegebruder Hermann. Der hat mir zugeblinzelt, dass es nicht schlimm wird. Aber ich konnte, konnte es meinem Vater mit dem besten Willen nicht sagen, so einen Druck hatte ich. Und da hat der Vater selber angefangen. „Anni, die Mutter hat mir was erzählt. Weißt, wenn es nicht so wäre, wär's mir lieber. Aber es ist mal so. Und ein verschüttetes Wasser kann niemand aufheben. Und jetzt sollst du erst wissen, dass du einen braven Vater hast." So hat er gesagt. Ich hätte schreien können, so weh war mir.

„Aber jetzt musst du mir sagen, wer der Vater zu dem Kind ist." Zuerst hab ich gesagt, weil ich den Henryk nicht verraten wollte, ich hatte sogar vor meinen Eltern Angst: „Es ist ein unbekannter Soldat."

„Das glaub ich dir nicht! So wie ich dich kenne, das glaub ich dir nicht."

Jetzt fragte meine Mutter: „Ist es vielleicht der Bauer?"

„Nein, Mutter, ich brauch keinen verheirateten Mann."

„Ja, dann musst du's sagen, wer es ist."

Und da hab ich eben gesagt, wer es ist. Vater sagte: „Ich kenn den Menschen. Er ist ja so oft mit seinen Kollegen bei mir. Der Mensch ist mir lieb und recht. Wenn nur die Strafe nicht wär." Das war für meinen Vater das Schlimmste: die Strafe. Das andere nicht. Im Gegenteil, er hat sich gefreut auf das Kind.

Ich bin dann zu meinem Bauern zurückgegangen und hab da weitergeschafft. Aber als es immer beschwerlicher wurde, hat mein Vater gesagt: „Du kommst heim, du brauchst nicht drunten zu sein.“ Mein Vater ging bei seinen Kindern nach der Regel: Eins muss draußen schaffen und das andere arbeitet daheim. Und es wird abgewechselt. Jetzt ging der Hermann zum Schaffen und ich konnte seinen Platz im Haus haben.

Ich hab auf den 1. Februar gekündigt. Das hat der Bauer nicht für gut geheißen. Er hatte ja dann keine Magd mehr. So hat er ans Arbeitsamt geschrieben. Und dann kam der Bescheid, dass ich nicht gehen darf. Mein großer Bruder Alois war gerade bei uns auf Fronturlaub. Er hat entschieden: „Das gibt's nicht.“ Er setzte einen Brief ans Arbeitsamt auf: Ich muss heimkommen, weil meine Arbeitskraft zu Hause gebraucht wird, denn der Pflegebruder geht in die Fremde. Außerdem, dass ich im fünften Monat schwanger bin. Daraufhin kam an mich und an den N. der Bescheid, dass ich die Arbeitsstelle zum 1. Februar verlassen darf.

Jetzt spürte ich, dass beim Bauern die Lage gespannt war. Er hat mir angekannt, dass ich schwanger war, denn mir war's oft übel. Er ist zu meinem Vater gegangen, um bei ihm Genaueres zu erfahren. Mein Vater hat ihm die Auskunft gegeben: „Da war doch ich nicht dabei!“

Mich hat er auch darauf angesprochen: „Hast jetzt das, was du hast wollen?“

Ich hab keine Antwort gegeben. Angst hab ich bekommen, als ich einmal sah, wie mein Bauer zu dem Polizist auf die Straße rausgegangen ist und sich mit ihm unterhalten hat.

## *Der schwere Gang*

Am 1. Februar, als ich eigentlich nach Hause gehen durfte, hat der Bauer mir angeschafft, die Wäsche auszubessern. Die Bäuerin lief wie wild im Zimmer hin und her und hin und her. „Was heut alles kommt, was heut alles kommt. Was das alles ist!“ Ganz bleich kam der Bauer herein und legte sich sofort aufs Sofa. Auf einmal, so gegen halb elf, kam der Polizist ums Hauseck herum. Er klopfte an, ich rief: „Herein“. Er kam in die Stube. „Ist der Bauer da?“
„Selbstverständlich, da liegt er.“
Der Bauer tat sehr überrascht, aber er hat genau Bescheid gewusst. Man hatte alles auf den 1. Februar ausgerichtet. Der Polizist sagte: „Jetzt muss ich halt den Gang machen.“
Und darauf sind die zwei rausgegangen. Ich saß ja an der Nähmaschine und konnt ihnen nicht folgen. Aber ich hörte dann, wie der Polizist mit Henryk die Treppe raufging zu Henryks Zimmer, dass er die paar Sachen, die er brauchte, mitnehmen konnte. Als sie das Haus verlassen hatten, sah ich, wie der Polizist mit dem Henryk ums Eck rumging. Dann hörte ich noch, wie der Polizist zum Bauern sagte, dass ich am Nachmittag auf die Polizeistation zur Vernehmung kommen sollte.
Wie mir zumute war, kann ich niemandem sagen. Am Nachmittag ging ich halt zur Polizeistation. Dort war außer unserem Wolfertschwendener Polizist noch einer von Grönenbach. Ich hatte gehofft, ich sehe meinen Henryk

noch mal, aber den hatte man in einem Zimmer im zweiten Stock versteckt. Zur gleichen Zeit, als ich unten dem Verhör unterzogen wurde, suchte Henryk oben verzweifelt nach irgendetwas, womit er sich das Leben hätte nehmen können – das hab ich später von ihm erfahren.
Mein Verhör ging zweieinhalb Stunden. In zweieinhalb Stunden kann man viel sagen! Als erstes wurde ich gefragt, ob ich das Verbot nicht gekannt hätte. Hier wie auch sonst blieb ich bei der Wahrheit, dass wir beide von Anfang an von der Strafe gewusst hatten. Dann musste ich von Beginn an – vom ersten Blick an – alles über unsere Freundschaft sagen, es waren auch intime Fragen dabei. Es war nicht schön. Allerdings war der Ton nicht gehässig oder höhnisch, sie sprachen ruhig und sachlich mit mir. Ich wurde zum Schluss noch gefragt, ob Vater und Mutter Bescheid wüssten. Da zögerte ich ein bissele, weil ich meinen Vater nicht hereinziehen wollte. Aber dann sagte der Grönenbacher Polizist: „Das brauchen wir eigentlich nicht."
Für diesen Nachmittag war eine Luftschutzübung angesetzt. Der Wolfertschwendener Polizist erklärte mir, dass ich nicht teilnehmen und mich zum Gespött machen lassen musste. Zwar musste ich weiter beim Bauern arbeiten. Aber ich brauche keine Milch mehr in die Molkerei bringen, verspotten müsse ich mich nicht lassen.

## *„Da kommt kein Aff zur Welt"*

Trotz Bescheid vom Arbeitsamt musste ich zurück zum Bauern. Bevor ich zu meiner Arbeitsstelle ging, holte ich mir noch Rat bei meinem Vater. Der fiel so aus: „Du schaffst am Tag beim Bauern, aber zum Schlafen kommst du heim. Es reicht, wenn du am Tag dort bist." Und so machte ich es dann auch.

Wenn ich meine Arbeit am Tag erledigte, war es erträglich, aber am Abend war es mir furchtbar schwer. Deshalb nahm ich den Vorschlag meines Vaters gerne auf. Aber ich wusste noch nicht, wie sauer mir das Leben beim Bauern gemacht wurde. Bei jedem, der zur Türe hereinkam, haben sie groß und breit gelacht und über meinen Zustand gespöttelt. Nach acht oder neun Tagen konnte ich einfach nicht mehr. Als ich am Abend nach Hause kam, sagte ich zu den Eltern. „Ich halt es nicht mehr aus, wie die spötteln und lästern über mich!"

Mein Vater sagte: „Du bleibst daheim! Du hast doch ein Zuhause!" So blieb ich daheim, aber nach einer Woche erschien der Polizist mit einem großen Zettel von der Staatsanwaltschaft Memmingen, oben *„Eilt"*: Entweder ich gehe sofort zum Arbeiten, oder er muss mich nach Memmingen ins Gefängnis bringen. Er wollte wissen, warum ich nicht an meiner Arbeitsstelle geblieben bin. Ich hab ihm erzählt, wie es mir bei dem Bauern gegangen ist. „Zu dem Bauern geh ich sofort und belehre ihn, dass er sich so nicht verhalten darf", sagte der Polizist. „Aber Ihnen geb

ich einen guten Rat: Gehen Sie zum Arzt und lassen Sie sich ein Zeugnis ausstellen, dass Sie nicht arbeitsfähig sind. Und bis Mittag muss ich das Zeugnis haben, oder ich muss Sie nach Memmingen bringen."
Ich war einverstanden: „In Memmingen ist unser früherer Hausarzt. Zu dem geh ich." Das Attest sollte ich ihm am Mittag auf dem Memminger Bahnhof übergeben. Eine gute Information hatte der Polizist noch für mich: Der Bürgermeister, der Ortsbauernführer wie auch er selbst hätten nur die besten Zeugnisse über Henryk nach Memmingen gegeben.
Ich fuhr mit dem Frühzug in die Stadt – aber der Arzt war nicht da. Nur eine ganz junge Frau als Vertretung. Da hab ich Angst bekommen. Der hab ich dann alles erzählt, für was ich das Attest brauche und warum ich es sofort brauche. Sie hat mir ein Zeugnis geschrieben. Und ich konnte das Attest wie verabredet übergeben. Am Abend sollte ich dann auf die Polizeistation kommen, und da würde ich erfahren, wie es beim Staatsanwalt gegangen ist. Die Auskunft war dann: Ich darf daheimbleiben. Das war für mich eine sehr große Erleichterung. Zu Hause ist es mir gut gegangen. Von meinen Eltern habe ich nicht *einmal* ein böses Wort oder einen Vorwurf gekriegt.
Die Menschen im Dorf haben sich sehr unterschiedlich zu mir gestellt. Einmal musste ich anhören, wie sich zwei Frauen unterhielten: „In welcher Kiste wird man den Polenaffen herumführen?" Mein großer Bruder war gerade wieder auf Urlaub. Zu dem konnte ich mit diesen Worten

gehen. „Nein, da kommt kein Aff zur Welt, es kommt ein Kind. Und das Kind führt man nicht in der Kiste herum, sondern das kriegt meinen Kinderwagen.“ Ich hatte dann einen wunderschönen Kinderwagen, da haben sie geschaut!

Nicht leicht fiel es mir, zum Bürgermeister zu gehen und um die Säuglingskarte zu bitten. Ohne sie bekam man ja keine Babywäsche. Aber ich wurde freundlich behandelt, ich wurde nicht ausgefragt und erhielt auch noch die Karte für die Mütterzulage, die ich gar nicht angefordert hatte.

Die Elsbeth war ein Achtmonatskind, aber sie war nicht schwach und sehr lebhaft. Als am 9. Mai in der Nacht die Wehen losgingen, rief ich nach meiner Mutter, aber der Vater war sofort da. Um drei Uhr ist er mit dem Fahrrad nach Grönenbach zur Hebamme gefahren, um vier Uhr war er mit ihr, auch mit Fahrrad, zurück, um fünf war die Elsbeth da.

Mein Vater hat es kaum erwarten können, das Kind zu sehen. Die Hebamme hat ihn erst ins Zimmer gelassen, als die Elsbeth gerichtet war. Mein Vater ist schier aus dem Haus gekommen mit seinem Enkelkind. Das Elsbethle war sein Ein und Alles. Früher war das ja nicht üblich, dass Väter den Kinderwagen schoben. Mit seinen sechs Kindern hat er es nicht gemacht, aber mit seinem Elsbethle ist er gefahren. Sonntags ist er mit Socken, um sie nicht zu wecken, immer wieder zum Zimmer raufgelaufen, ob das Kind noch schläft. Endlich war sie wach und er konnte

sie nehmen und mit ihr ausfahren. „Sie sollen alle wissen, dass ich der Opa bin!"
Eine Woche nach der Geburt ist meine Elsbeth getauft worden. Früher hat man die Kinder ja so bald getauft. Ich war noch nicht gut beieinander, so waren bei der Taufe nur meine Schwester Resl als Patin und, wie damals üblich, die Hebamme als Taufzeugin. Der Pfarrer hat das Kind nicht am Taufbecken getauft, sondern die Zeremonie musste im Vorzeichen der Kirche stattfinden. Vielleicht hat der Pfarrer zu Recht Angst gehabt. Weil ich eine ledige Mutter war, bekam ich Ende Juni eine Vorladung vom Jugendamt in Memmingen. Mein Vater bestimmte: „Dahin gehst du nicht allein. Ich geh mit. Ich lass dich nicht verlachen. Du weißt, wer der Vater ist vom Kind. Andere wären froh, wenn sie's wüssten."
Es ging um den Unterhalt. Mein Vater sagte auf dem Amt: „Ich brauche nichts. Ich bin der Opa, und ich zieh das Kind auf. Ich hab sieben Kinder großgezogen und das Kind wird auch groß."
Bei dem Unterhalt sollte es um eine Formsache gehen. Es handelte sich um zwanzig, fünfundzwanzig und dreißig Mark. „Wenn es Formsache ist", sagte mein Vater, „dann geh ich in die Mitte, fünfundzwanzig Mark. Aber bezahlen kann der Vater vom Kind nicht, er ist eingesperrt." Mein Vater musste dann jedes Jahr einmal zum Bürgermeister kommen, um die Unterhaltsfrage zu klären. Jedes Mal sagte er, er braucht nichts, das Elsbethle wird von ihm großgezogen. Der Bürgermeister ist nie in ihn gedrungen

und hat angedeutet, dass man das Kind abholen würde, wenn man vom Staat den Unterhalt nehmen würde.
Mitte November bekam ich eine Mitteilung vom Jugendamt, dass der Henryk Wrzesinski die Vaterschaft anerkannt hat. „Nach dem Schreiben kommt der Henryk bald heim“, sagte mein Vater. „Und weißt, Elsbethle, du hast jetzt bald auch einen Papa.“

## *Du musst sein wie eine Mauer*

Es war der Vormittag des 8. Dezember. Für den 10. Dezember, den Namenstag meiner Mutter, sie hieß Judith, wollte ich einen Frankfurter Kranz backen. Ich hatte in der Küche schon alle Zutaten hergerichtet. Aber bevor ich mit dem Teig anfing, musste ich der Elsbeth noch das Fläschle geben. Da stand ohne Anklopfen ein Polizist in der Tür, einer, den ich noch nie gesehen hatte. „Ich habe den Auftrag, Sie sofort zu verhaften und nach München zu bringen."

Das war sein Gruß. Ich hab mein Kind an mich gerissen, meine Mutter hatte alles in der Stube gehört und kam weinend in die Küche. „Mein Gott, mein Gott!", hat sie nur immer wieder gerufen. Der Vater wurde aus der Werkstatt geholt. Den Blick, mit dem er mich angesehen hat, vergess ich in meinem Leben nie mehr. Ich musste mit dem Polizisten ins Schlafzimmer gehen und mich vor ihm umziehen. Und dann hab ich noch meinen Rosenkranz genommen. Den wollte er mir wegreißen. Mein Vater, der das gehört hatte, griff ein: „Den Rosenkranz, den lässt du meinem Kind!" Da hat er ihn mir gelassen. Ich hab das Elsbethle noch mal an mich gerissen, ich wollte es noch einmal drücken, da packt er das Kind und wirft es auf den Tisch wie einen Dreck. Das tut weh! Furchtbar weh! Unser Abschied war: „Vater, sei gut mit meinem Kind!"

„Anni, dem Kind geschieht nichts. Da leg ich lieber mein Handwerk nieder."

Die Eltern sind noch mit raus gegangen und haben mir nachgeschaut, und ich hab zurückgeschaut, bis wir um die Straßenecke gebogen waren. Wir liefen zum Bahnhof Grönenbach. Am Ortsende von Wolfertschwenden blieb der Polizist stehen und setzte mir die Pistole auf die Brust mit der Drohung: Wenn ich mich nicht füge, dann knallt er mich nieder. Und den Rosenkranz musste ich ihm geben. So haben wir die Fahrt nach München angetreten.
Bei jeder Station, wenn Leute eingestiegen sind, hat er sich sehr groß gemacht, was er für eine Fahrt mit mir macht und wo er mich abliefern muss. Als ich auf die Toilette musste, hat er sich in die offene Tür gestellt.
Als wir in München ankamen, wurde es schon dunkel. Ich musste mit ihm in die Brienner Straße laufen, das Ziel war die Gestapo. Vor dem Tor hab ich gesagt: „Den Rosenkranz will ich jetzt."
„Den dürfen Sie nicht haben!"
„Gut, wenn ich den nicht haben darf, dann sollen die drinnen ihn mir nehmen. Aber von Ihnen will ich ihn jetzt." Er hat ihn mir gegeben.
Als er mich abgeliefert hatte, kam ich in eine Zelle, in der zwei Frauen waren, die eine ungefähr vierzig, die andere Mitte fünfzig. Als die Tür verriegelt war, hab ich zum ersten Mal geweint. Erst jetzt wurde mir wirklich bewusst, in welcher Lage ich war. Wo war ich? Was erwartete mich? Ich hab bitterlich geweint. Da hat die ältere Frau – wie sie mir später sagte, war sie Bibelforscherin – sich um mich angenommen. Sie fragte: „Hast du einen Freund?"

„Ja."
„Das ist ein Ausländer?"
„Ja."
„Hast du ein Kind?"
„Ja, hab ich auch." Ich konnte kaum reden vor lauter Weinen. Sie hat mich getröstet, und dann hat sie gesagt: „Du bist nicht allein, das sind hier viele. Du bist nun mal hier, und die Sache muss ihren Weg gehen. Ich helf Dir jetzt den Strohsack bauen." Zwei Strohsäcke waren schon bereit, den dritten haben wir auf dem Boden gerichtet. „Und jetzt", sagte sie, „beten wir zwei ein Vaterunser. Gell, du betest mit?"
„Ja, ich bete mit."
„Weißt, das brauchst du morgen. Morgen ist Deine Vernehmung. Und da musst du tapfer sein, sehr tapfer, es geht um Leben und Tod. Gell, du bist tapfer?" Ich musste es immer wieder versprechen. „Du betest jetzt mit!" Und dann haben wir miteinander das Vaterunser gesprochen. Die Frau nahm an, ich würde meinem Freund gegenübergestellt. So ist es aber dann nicht gekommen.
Am nächsten Morgen wurden beide Frauen aufgerufen. Ich musste warten, und schließlich wurde ich auch geholt. Ich war wie eine Mauer. Ich konnte nicht mehr weinen. Man brachte mich in einen großen Saal, in dem viele junge Frauen standen. Zuerst wusste ich nicht, um was es hier ging. An einem Tisch saßen ein Gestapo-Mann und eine Sekretärin. Immer eine Frau wurde aufgerufen und musste sich vor den Tisch stellen. Rechts neben ihr

stand ein Gestapo-Mann mit einer Lederpeitsche in der erhobenen Hand. Jetzt wurden von dem Mann hinter dem Tisch verschiedene Fragen gestellt, die aber alle aufs Gleiche hinausliefen: Die Frauen sollten sagen, dass sie von ihrem ausländischen Freund vergewaltigt worden waren, und ihn damit dem sicheren Tod ausliefern. Bei jeder Antwort, die nicht erwünscht war, wurde dem Häftling mit der Peitsche ins Gesicht geschlagen. Die Frauen haben nach den Schlägen gar nicht mehr gewusst, auf was sie „ja" sagten. Wenn das Ja von dem Mädchen herausgeprügelt war, war die Vernehmung aus. Und die nächste kam dran. Jetzt verstand ich, warum man das Ganze als Massenverhör aufzog: Die Häftlinge waren ja schon mürbe, bis sie aufgerufen wurden.
Trotz allem, was ich miterleben musste, blieb ich in der starren Haltung, mit der ich den Raum betreten hatte, die Mauer war nicht gewichen. Schließlich wurde ich aufgerufen, ich ging vor, neben mir stand wieder der Mann mit der erhobenen Hand. Der Vernehmende blätterte in meiner Akte und dabei konnte ich den Brief erkennen, den ich dem Henryk nach Stadelheim geschrieben hatte und auf den ich nie eine Antwort erhalten hatte. Beim Durchblättern schrie er mich an: „Na, und Sie, wollen Sie den Henryk Wrzesinski wirklich heiraten?" Ich hörte mich selbst ruhig und fest antworten: „Ja." Plötzlich war Totenstille in dem Raum und die Hand mit der Peitsche ist in der Luft stehen geblieben. Die Hand hat jemand gehalten, da bin ich mir sicher! Das Vaterunser, ich hab's gebraucht.

Der Verhörende starrte mich an, und auf einmal sagte er: „Ab!" Als ich wegging, hörte ich, wie er vor sich hinsprach: „Die macht sich doch gar nichts draus!" Das war die einzige Vernehmung und mit einer einzigen Frage, die ich je hatte, und einen Prozess und ein Urteil gab es nicht. Was erwartete mich jetzt?

Wie gerne hätte ich der Bibelforscherin von meinem Verhör berichtet, aber ich sah sie nicht wieder. Aus der Zelle holte man mich zum Arbeiten. Ich war in der Verwaltung gefragt worden, ob ich schaffen wolle, und ich hatte mit „gerne" geantwortet, weil das immer besser war, als in der Zelle zu hocken. Den ersten Tag hatte ich, mit vielen anderen Frauen, in dem großen Gebäude zu putzen. Am nächsten Tag wurde ich mit einigen, mit denen zusammen ich geschafft hatte, in die Kasinoküche, die SS-Küche, geholt. Wir mussten fünfzig Gänse richten: brühen, ausnehmen, fertig machen zum Braten. Trockengerupft waren sie schon. Ich konnte die Arbeit gut, sie hat mir gefallen, und die Wirtschafterin war sehr nett.

Am nächsten Morgen hieß es: „Nicht ausrücken!" Ich hab gewartet, da kam das Herdmädchen und holte mich wieder in die Kasinoküche. Eine kurze Zeit, bis ich auf „Transport" kam, ist es mir hier sehr gut gegangen. Wir mussten nicht nur Gemüse putzen, Kompott kochen und Ähnliches und das viele Geschirr spülen, sondern auch die Herren bedienen, und so hab ich einmal Herrn Himmler persönlich sein Essen gebracht.

Damit es nicht auffiel, dass wir von der guten Kasinokost

abbekamen, sind wir immer im Keller durch den langen Gang zur Gefängnisküche gegangen und haben dort unser Essen gefasst. Das konnten wir dann verschenken.

An einem Tag gab es Hasenragout, das werd ich nicht vergessen. Denn bevor wir essen konnten, wurde ich geholt: Ich kam weg. Die Wirtschafterin hat sich an die Schreibstube gewandt, um mich zu halten, aber sie hatte keinen Erfolg.

Mit einigen anderen Frauen wurde ich ins Polizeipräsidium in der Ettstraße gebracht. Das Polizeipräsidium war genau das Gegenteil zum Gestapogebäude. Dort war es sehr sauber gewesen, auch die Zellen. Jetzt kam ich in eine große Zelle, sie war dunkel, nur ein kleines Guckerle ganz oben. Und so viele Menschen! Und die Atmosphäre: Die eine hat geflucht, die andere hat gebetet, die andere geschrien, die andere hat geweint. Im Eck war die Toilette, sie war verstopft, alles ist oben rausgelaufen. Auf einem Strohsack lagen drei Kranke. Zur Nacht wurden für die anderen Strohsäcke gebracht, die auf den Boden gelegt wurden. Da hab ich mit den Wanzen Bekanntschaft gemacht.

## *„Auf Transport“ – wohin?*

Ich war noch keine zehn Minuten in der Zelle, da bekam ich arges Halsweh. Ich dachte, das kam von der schlechten Luft. Aber es war eine richtige Krankheit. Am nächsten Tag wurde ein Transport zusammengestellt. Ich habe mich krank gemeldet, aber das war zwecklos. Wir wurden mit einem Lastwagen zum Bahnhof gefahren, und wir mussten in einen Zellenwagen einsteigen. In der Mitte war der Gang und links und rechts die Zellen. Kleine Bänke waren da drin, es wäre recht gewesen für vier Personen. Aber hineingepfercht wurden acht und zehn Menschen. Man konnte nicht mal zur Toilette gehen. Ab und zu ist mal ein SS-Mann gekommen und hat nachgeschaut. Das Ziel war Salzburg.

Dort waren wir eine Nacht. Ich hatte hohes Fieber. Mit meiner Krankmeldung hatte ich keinen Erfolg. Am nächsten Tag kamen wir in einen normalen Waggon, aber die Fenster waren zugestrichen, dass man nicht rausschauen konnte. Jetzt erfuhren wir, dass es nach Wien ging. Ein Wachmann hatte Mitleid mit mir, ein paar Frauen mussten eine Bank räumen, dort wurde ich hingebettet, und bei einem Halt auf einem Bahnhof brachte er mir Kaffee und eine Aspirin-Tablette.

In Wien wurden wir auf einen offenen Lastwagen verladen, wo wir wieder wie die Heringe standen. Jetzt war ich am ganzen Körper krebsrot. Unser Ziel war ein riesiges Gebäude, „St. Elisabeth“. Das Haus war bestimmt einmal für andere Zwecke. Dort angekommen, mussten wir ins Bad, die Kleidung zur Desinfektion abgeben und uns warm und kalt duschen. Ich hab gebeten, sie möchten mich doch in Ruhe lassen, ich bin krank. Aber ich musste mich genauso duschen. Zum Anziehen bekamen wir alte, zerrissene Soldatendrillichanzüge. Drillich ist kalt, und wir kamen noch dazu in eine große Zelle, die eiskalt war. Ich bekam furchtbaren Schüttelfrost, wie wär's auch anders möglich gewesen, wenn man so hohes Fieber hat. Ich war wie ein Wurm. Eine Aufseherin kam und befahl mir aufzustehen. Weil ich das nicht konnte, hat sie mich geschlagen. Ich dachte, sie schlägt mich tot. Schließlich hat sie von mir abgelassen und ist gegangen. Eine alte Frau, wohl eine Tschechin, sie sprach nicht Deutsch, hat sich um mich angenommen, sie hat mich mit ihrer eigenen Decke zugedeckt und mich mit ihren fremden Worten getröstet.

Die Nacht und den ganzen anderen Tag bin ich in dieser Zelle gelegen, und endlich ist am Abend ein Arzt gekommen. Er hat die Tür aufgerissen und gebrüllt: „Alle Kranken raus!“ Da bin ich auf allen Vieren rausgekrochen. „Ach“, hat er ausgerufen, „blühender Scharlach!“ Dann durfte ich nicht einmal mehr selber meine Handtasche – mehr hatte ich ja nicht – in der Zelle holen.

Der Arzt ist mit mir den Gang vorgegangen, dann links, dann rechts, dann vor: Es war das reinste Kreuzworträtsel. Auf einmal hat er eine Tür aufgeschlagen, mich beim Kragen gepackt und in den Raum gestoßen. Es war stockdunkel, ich wusste nicht, wo ich war. Ich habe getastet und fand eine Pritsche. Mehr brauchte ich nicht! Wenn ich mich bloß niederlegen konnte. In der Früh besah ich meine Behausung. Die Zelle war klein und sehr hoch, außer der Pritsche gab es in einer Ecke nur noch einen Kübel, das winzige Fenster hoch oben ließ den Raum düster erscheinen. Ich dachte: Wenn ich da bleiben muss, komm ich nicht mehr heim.

Plötzlich wurde die Türe aufgerissen, ein Arzt stürzte sich auf mich und fuhr mit seinem Instrument in meinen Hals, dass gleich die Mundwinkel aufgebrochen sind. Und Türe wieder zu. Und Türe wieder auf, ein anderer Arzt mit der gleichen Prozedur, Türe wieder zugeschlagen. Und ein drittes Mal. Und endlich – das kann gegen Mittag gewesen sein, ich hatte ja keine Uhr – ging die Tür anders auf, ruhiger, es kam ein Sanitäter mit der Tragbahre, er hat mich darauf gebettet, und dann wurde ich mit dem Sanka durch Wien gefahren. Ein zweiter Sanitäter saß neben mir und wollte die Adresse von meinen Eltern wissen. – Soweit ist es also mit mir! Das war mein einziger Gedanke.

Sie brachten mich ins Robert-Koch-Spital. Es gab ebenerdig drei große ineinandergehende Säle mit vielen Patientinnen. Im mittleren Saal stand ein Weihnachtsbaum, es war gerade eine Weihnachtsfeier, obgleich erst der 22. Dezember war. Ich bekam allerdings nicht viel mit, weil ich so elend war, und ich hab sofort Spritzen gekriegt. Wie ich nach und nach verstand, lag ich mit lauter Menschen zusammen, die die gleiche Krankheit wie ich hatten. Es

grassierte in Wien eine Scharlach-Epidemie, und weder hinein noch hinaus durfte man in diesem Krankenhaus. Es gab also keine Besuche, alles musste über die Pforte abgewickelt werden. Ich habe den Schwestern gleich gesagt, wo ich herkomme und wo ich hingehe, und warum. Auf dem Weg von Salzburg nach Wien hatten wir herausgefunden, was unser Ziel war: Ravensbrück.
Wohl deshalb waren die Schwestern zu mir so nett. Sie nannten mich „Schwäble“, weil ich aus dem Schwabenland kam.
Bei der Weihnachtsfeier hatte jeder ein Geschenk bekommen: Gebäck und Pralinen. Aber an Heiligabend wurde mir eine regelrechte Bescherung bereitet: Meine Mitpatientinnen brachten mir eine Schale mit Süßigkeiten, mit Tannenzweiglein geschmückt und mit einer Kerze.
Auch die Ärzte waren sehr nett und haben mich sehr gut behandelt. Scharlach ist heimtückisch, da kriegt man alleweil neue Beschwerden, mal ist das Bein steif, dann der Arm, einmal fehlt dies und das andere Mal das. Ich war fünf Wochen in dem Krankenhaus, und der Arzt hat immer wieder gefragt: „Fehlt Ihnen nicht noch was?“
Ein besonderes Glück hatte ich hier im Robert-Koch-Krankenhaus. Über eine Putzfrau konnte ich einen Brief an meine Mutter schreiben. Ich konnte ihr mitteilen, wo ich hinkam, aber ich hatte ja keine Ahnung, wo dieses Ravensbrück lag, und ich hatte keine Vorstellung von dem Ganzen. Auf dem gleichen Weg bekam ich einen Antwortbrief, in dem auch etwas Geld lag, und ich erfuhr,

dass nach diesem Ravensbrück noch eine Frau aus Wolfertschwenden geschickt worden war.

Die Ärzte wollten mich so lange halten, wie es ging, aber einmal, Ende Januar, war die gute Zeit vorbei. Ich wurde auf die Polizeistation geholt, aber bereits beim Warten auf das Auto fingen die Kopfschmerzen wieder an. Der Scharlach war einfach nicht richtig ausgeheilt. Die anderen Patienten konnten sich ja zu Hause noch schonen, aber ich musste in die raue Wirklichkeit zurück. Das Nächste war furchtbares Nasenbluten. Ich sah so aus, dass sich die Polizisten vor Lachen ausschütten wollten. Sie haben mir aber dann doch Wasser gebracht, so dass ich mich ein bissele abwaschen konnte. Ich hatte ja nur *ein* Taschentuch in meiner Handtasche.

Dann kam das Polizeiauto, das heißt, es war eher ein Bus. Ich musste als Erste einsteigen, dann ist er durch Wien gefahren und hat zugeladen. Als das erste Mal gehalten wurde, stieg eine Frau ein, sie war Anfang dreißig. Nie hab ich einen Menschen mit einer solchen Verzweiflung gesehen. Dass sie nicht an den Wänden hoch ist, war alles. Ich habe versucht, sie zu beruhigen. Aber das war erst möglich, als die Frau mal so müde war, dass sie nicht mehr konnte. Dann hat sie es mir gesagt: Sie hat zwei Kinder daheim, drei und zwei Jahre, der Mann ist Soldat. Sie hat zu ihnen gesagt: „Mami geht bloß schnell zum Einkaufen." Auf dem Weg hat man sie verhaftet und nicht mehr zu ihren Kindern heim lassen. Die Kinder waren in der Wohnung eingesperrt!

Wieder und wieder hielt der Bus und hat weitere Frauen eingeladen. Ich hab dann wieder so schlimm Kopfweh bekommen, und dann ist nicht Blut, sondern lauter Eiter herausgelaufen. Und nur das eine Taschentuch!
In diesem Zustand wurde ich – mit den anderen Frauen – wieder vor „St. Elisabeth" abgeladen. Ich kam in eine große Zelle. So viele, so verschiedene Leute! Man glaubt gar nicht, wie das ist unter so vielen verschiedenen Leuten, jeder ist anders.
Waren es das letzte Mal die Wanzen, so waren es in dieser Nacht die Läuse, die ich kennen lernte. Ich hab es am Morgen gemeldet, und da hat man mir den Kopf mit Cuprex eingerieben, aber nicht mehr runtergewaschen.
Eines Abends war dann ein Auge zugeschwollen, am nächsten auch das andere. Jetzt hab ich nichts mehr gesehen. Da haben sie mir doch Kamillentee gebracht. Kaum waren die Schwellungen zurückgegangen, da bekam ich eine Blutvergiftung. Ich hatte an der Handwurzel eine dicke Geschwulst, die ganze Hand war geschwollen, die Streifen gingen unter den Arm, und unter dem Arm hing ein ganzer Sack. Das hat sehr weh getan. Also musste ich mich wieder melden. Der Arzt sagte, er kann es nicht verantworten, dass ich hier bleibe. Die Mithäftlinge sollen mir helfen, die Jacke anzuziehen, er bemüht sich um ein Bett. Nach einer Stunde kam er mit der Nachricht: Er hat in ganz Wien kein Bett gefunden, ich muss bleiben. Er konnte mir nur essigsaure Tonerde geben, und merkwürdigerweise habe ich das Ganze nur mit den Umschlägen

wieder zurückgebracht. Unmöglich wär das daheim zustande gekommen.

Nach fünf, sechs Tagen wurde der neue Transport zusammengestellt. Die erste Station war Linz mit einer Übernachtung, dann waren wir zwei Tage in Prag, wo es uns gut gegangen ist, anständiges Essen und eine saubere Zelle. Die dritte Station war Chemnitz. Da haben wir gleich gewusst, dass wir wieder in Deutschland sind, so haben die uns angeschrien. Dann ging es über Dresden nach Leipzig. Hier kamen wir nach einem Großangriff an. Der Bahnhof war eine Halde von Glasscherben. Mit dem Auto fuhren wir durch die Ruinen zum Arbeitslager. Jetzt haben wir das auch einmal kennen gelernt, was ein Arbeitslager ist. Haben die Aufseherinnen geschrien! Wir kamen in eine Holzbaracke. Breite Fugen zwischen den Brettern, überall hat es gezogen, eiskalt war es.

Die erste Arbeit war in der Küche. Es hat Rosenkohl gegeben. Den Rosenkohl haben die SS gekriegt und wir die äußeren Blätter, den Abfall vom Putzen. Aber die Blätter waren gekocht und ein paar Kartoffel dazu: wenigstens warm. Die nächste Arbeit war, von großen Gänsefedern den Flaum vom Kiel runterzuziehen, damit man Daunenkissen füllen konnte. Aber ich hatte alle Finger voll Eiter, noch vom Scharlach, und so konnte ich nicht mitmachen. Ich musste allein in der Baracke zurückbleiben. Da hab ich Angst gehabt, es war mir unheimlich. Dieses unbekannte Ravensbrück, war das ein Arbeitslager wie dieses?

Nach vier Tagen ging es nach Berlin, das war nur Zwischenstation, dann weiter nach Norden, nach Fürstenberg. Dort wurden wir wieder in einen offenen Lastwagen gepfercht und in das Lager Ravensbrück gebracht. Wir waren an unserem Ziel angekommen. Es war der 13. Februar.

## *Ankunft in der „Hölle der Frauen“*

Was würde uns hier erwarten? Wie lange würde ich hier bleiben müssen? Ich fühlte meine Hilflosigkeit noch stärker als bei den Stationen dieser neun Wochen langen Reise. Wenn es immer wieder weiter „Auf Transport“ ging, hatte man doch bei jeder menschenfeindlichen Unterkunft die Hoffnung, es könnte beim nächsten Mal besser werden. So, wie wir hier empfangen wurden, so würden wir auf unbestimmte Zeit hier leben müssen.

Vor einem großen Gebäude, dem „Bad“, hat man uns vom Lastwagen runtergetrieben, einige sind runtergefallen, wer sich nicht schnell hochrappeln konnte, auf den hat man geschlagen. Wir stolperten in einen großen Raum, der mit einem Bad keine Ähnlichkeit hatte. Hier mussten wir dicht aneinander gedrängt stehen und warten. Ich hab mich an die Aufseherin gewandt, um mich krank zu melden. Ich zeigte auf meine Beine, die seit einigen Tagen von eitrigen Geschwüren bedeckt waren – wieder eine Folge meiner Krankheit. „Ach, Sie werden bald noch mehr sehen!“ Das war die Antwort. Nach einer halben Stunde habe ich an meine Beine nicht mehr gedacht, ich wusste, was hier zu erwarten war. Auf einer Bahre hatte man eine Frau, die auch mit meinem Transport gekommen war, auf den Boden gelegt. Es war deutlich, sie lag im Sterben. Ich sah, wie die Aufseherin an ihr vorbeiging und sie anspuckte. Das war der Anfang. Damals kannte ich noch nicht den Beinamen, den Ravensbrück führte: „Hölle der Frauen".

Als die Namenslisten kontrolliert waren, ging es in einzelnen Schüben in einen weiteren Raum. Hier erwarteten uns Scheren und Rasiermesser. Wir wurden kahl geschoren. So apathisch die Frauen sich hatten herumschubsen lassen, jetzt plötzlich gab es viele Tränen. Waren wir auch seit Wochen wie Vieh behandelt worden, jetzt nahm man uns etwas, was unsere Person ausmachte. Wir waren nicht mehr wir selber. Ich habe nicht geweint, ich hab mir gesagt: Die werden schon wieder wachsen, die kommen wieder. Aber die anderen haben um meine Haare geweint. Ich hatte wunderbares Haar, ganz blond und kräftig, und das Cuprex, das ich in Wien hineingeschmiert bekommen hatte, war mir in Leipzig sogar herausgewaschen worden. Darauf wurden wir Glatzköpfe von allen Seiten fotografiert, und weiter ging es in die Kleiderkammer, wo wir unser Gewand abgeben mussten. Ausgeteilt wurde ein gestreiftes Baumwollkleid und drüber eine Jacke, auch aus Baumwollstoff. Und es war doch Winter. Dann ein Unterhemd und ein Schlüpfer. Und Holzpantinen, keine Strümpfe, nichts für den Kopf oder die Hände. Außerdem gab es ein Handtuch, das so groß war wie ein Geschirrtuch. Ich war ja noch nie in Holzschuhen gegangen. Ich bin kaum vorwärts gekommen, denn es lag Schnee und der hat sich unter den Schuhen aufgestockt.

In der Verwaltung mussten wir alle Sachen, die wir hatten, abgeben. Bei mir war es das bissele Geld, das mir meine

Mutter nach Wien geschickt hatte, aber vor allem der Rosenkranz. Dann bekamen wir unsere Erkennungszeichen: die Nummer und den Winkel. Mein Winkel war rot, das bedeutete „Politischer Häftling“, und ich wurde die Nummer 28209, so stand es auf meinem Streifen. Das hat man uns gegeben, aber keine Nadel und keinen Faden. Wir mussten die Zeichen ja selber annähen. Wie machen? So ausgerüstet kamen wir in den Zugangsblock. Dort fanden wir bereits viele Frauen vor. Von ihnen bekamen wir eine Nadel und Faden, so konnten wir eine nach der anderen die Zeichen befestigen: an Kleid und Jacke gehörten sie links auf die Brust.

In dem Aufenthaltsraum saßen wir nun, wenn man das so nennen kann. Die Hocker waren übers Eck gestellt, so dass jede Zweite in der Luft hing. Aber es konnte keine herunterfallen, weil wir so eng zusammengedrängt waren, eine hat die andere gehalten. Das Sitzen war eine Qual. Und wenn man aufstehen wollte, weil man aufs Klo musste, wie kam man aus dieser Enge heraus? Und wie kam man später wieder herein?

Wie schlimm die Zustände auf der Toilette waren, sollten wir in den nächsten Tagen erfahren, Papier gab es nicht. Was hat man dann gemacht? Man hat den Rockzipfel genommen, wenn es gegangen ist, und wenn er trocken war, hat man es rausgerieben. Wenn jemand mal ein Stückele Papier irgendwo erwischt hat, dann hat er es ganz vorsichtig benutzt, hat es aufgehoben und auch wieder ausgerieben. Die ganze Örtlichkeit war verschmiert, überall, am Türstock, an den Wänden hat man die schmutzigen Händen abgewischt. Am schlimmsten war es in der Früh. Wenn die Sirene ging, musste es schnell, schnell gehen, wenn man rechtzeitig zum Appell kommen wollte. Und jeder musste doch noch zur Toilette. Wie viele sind nicht mehr hingekommen, und so standen sie dann – manchmal stundenlang – auf dem Platz.

Auch an die hier geübte Körperpflege mussten wir uns gewöhnen. An den kleinen Waschbecken an der Wand vom Waschraum konnte man, wenn man das Glück hatte, an eines heranzukommen, gerade das Gesicht mit dem eisigen Wasser abreiben. Den Luxus, an Zähneputzen nur zu denken, konnten wir uns nicht erlauben.

## *Eine Verfehlung und eine Strafe*

Als es abends in den Schlafsaal ging, musste jede ihre Holzpantinen in ein Eck bringen. Ein riesiger Haufen! Am anderen Morgen hat natürlich keine ihre Pantinen gekannt: Die eine hat zwei rechte, die andere zwei linke, dazu noch in verschiedenen Größen, aus dem Gewühl herausgezogen. Man hat uns ja getrieben, wir konnten nicht suchen. Die Bettgestelle waren drei Etagen hoch mit jeweils zwei Strohsäcken, aber statt zwei mussten immer vier darauf zusammenrücken. Wir lagen wie die Heringe. Ich wurde in die mittlere Etage nach außen eingewiesen. Ich habe eine Frau gebeten, ob sie mich in die Mitte lässt und den Außenplatz nimmt, weil ich ja immer noch solchen Schwindel hatte. Sie hat mit mir getauscht.

In der Nacht kam auf meinen Platz Wasser runter, meine Decke wurde nass. Die Frauen rechts und links von mir haben das natürlich auch gehört.

In der Früh war das Erste die Strohsackkontrolle. „Wer hat hier gelegen?", war die Frage der Stubenältesten, sie war auch ein Häftling. Ich hab mich gemeldet: „Das Wasser ist von oben gekommen." Meine Nachbarinnen haben das bestätigt. Es war ja nur die Decke nass und nicht der Strohsack! Es half alles nichts. Es war mein Platz, und ich musste meine Strafe kriegen. Es ist am gleichen Tag noch aufgekommen, dass die Frau über mir blasenkrank war. Sie kam ins Revier, und wir haben sie nicht mehr gesehen.

Die Strafe wurde sofort vollzogen. Im Waschraum waren, außer den Waschbecken an den Wänden, am Boden und in der Mitte etwa vierzig Zentimeter hohe Becken. Welchen Zweck sie hatten, war nicht zu erkennen. In eins der Becken musste ich mich nackt hineinkauern. Und jetzt hat die Stubenälteste drei große Eimer Wasser ganz langsam über meinen Kopf heruntergegossen. Eiskaltes Wasser, und es war ja Winter! Wenn es schnell gegangen wäre, hätte es nicht so weh getan. Als das Wasser ausgeleert war, musste ich aufstehen, ich durfte mich nicht abtrocknen, nass wie ich war, musste ich mein Sträflingsgewand anziehen und sofort raus ins Freie zum Appell. Wenn es besonders kalt ist, knirscht der Schnee, und so war der Schnee unter meinen Holzpantinen. Es war noch früh, sternenklarer Himmel, ich weiß nicht, wie lange wir stehen mussten. Wir hatten alle keine Uhr. Ich hatte ja keine Haare und keine Kopfbedeckung. Das Kopfweh, das ich bekam, lässt sich nicht beschreiben. Es war wie wenn Blitze über den Kopf fahren und wie wenn etwas brechen würde. Ich hab mir die Kopfhaut erfroren. Es hat sehr lang gebraucht, bis mal ein bissele Flaum gekommen ist, und der ist immer wieder gebrochen. In der Zeit, in der ich im Lager war, sind meine Haare etwa einen Zentimeter gewachsen. Mit dem kräftigen, widerstandsfähigen Haar war es für immer vorbei.

Einmal im Monat durften die Häftlinge einen Brief an die Angehörigen schreiben. Sie durften Päckchen von zu Hause bekommen. Auf einer Seite eines Doppelblattes konnten wir schreiben, aber nicht zwischen den Zeilen, die andere Seite war vom Empfänger zu benutzen. Natürlich ging der zweifache Brief durch die Zensur. So haben wir nur schreiben können: „Mir geht es gut." Es war aber doch wenigstens ein Lebenszeichen.

Das Päckchen, das meine Mutter auf meinen ersten Brief hin schickte, enthielt einen Kamm. „Ach, Mutter, wenn du wüsstest!" – Als dann der Flaum kam und ich den Haarboden mit dem Kamm hätte etwas massieren können, hatte man ihn mir längst gestohlen.

Ungefähr drei Wochen verbrachten wir in dem Zugangsblock, in der Eintönigkeit von Appell und dem zusammengepressten Hocken in der Stube und Essenfassen.

Wenn es um das nackte Überleben geht, drehen sich die meisten Gedanken um das Essen. Mittags gab es Steckrüben und Zuckerrüben, in Wasser gekocht. Wenn wir Spinat bekamen, wurde er von Mal zu Mal länger, nämlich aufgeschossen, mit Wurzeln und lebendem und totem Inventar. Kürbis in Wasser war eine Katastrophe, als im Lager Typhus grassierte, weil er den Durchfall noch verstärkte. Das Essen musste in großen Kesseln von der Küche geholt werden. Nur die sehr entfernten Blocks bekamen dafür Wagen. Die zwei mit dem schweren Kessel waren ja oft viel zu sehr geschwächt, so das die Kübel fallengelassen wurden und ihr Inhalt auf dem Boden landete. Einen Ersatz gab es natürlich nicht.

Jeder hatte einen roten Blechnapf und einen Holzlöffel, die Stubenälteste musste das Essen verteilen. Morgens

gab es eine schwarze Zichorienbrühe. Aber dieser „Kaffee“ war ganz wichtig: Es war doch etwas Warmes im Magen. Wenn die Sonne aufging, so um neun, das war die schlimmste Zeit, da fielen viele um. Es waren oft die, die die Brühe nicht getrunken hatten. Abends gab es eine Suppe, meist Graupensuppe, und Brot. Am Sonntag fiel die Suppe weg, wenn nicht gearbeitet wurde. Das Brot war Kommissbrot, und das war gut. Erst bekamen vier Frauen zusammen ein Kommiss, später dann fünf. Man hatte ja solchen Hunger, und da haben viele am Abend das Brot aufgegessen, so hatten sie in der Früh dann nichts mehr. Man musste sich schwer zusammennehmen, dass man seine Portion nicht gleich verschlungen hat.
Später hab ich mich mit vier oder fünf Frauen zusammengetan. Da hat immer abwechselnd eine Frau den ganzen Kommiss bekommen, das konnte sie dann für vier oder fünf Tage selber einteilen. Aber das konnte man nicht mit jeder machen. Da muss jede standhaft sein. Am Sonntag gab es zum Brot ein bissele Margarine, manchmal auch einen Klecks Marmelade oder auch mal Harzer Roller mit Würmern. Jeder, der gearbeitet hat, hat täglich noch eine „Betriebsschnitte“ extra bekommen.
Als nach etwa drei Wochen die Rumsitzerei im Zugangsblock vorbei war, kam ich in einen Freiblock, Block 4. Unsere Blockälteste kam von Stuttgart, sie hatte die Nummer 7. Diese Frau Rupp war für uns eine Mutter. Sie hat auf Ordnung schauen müssen, aber bei ihr hat man es aushalten können.

## *Frauen sind erfinderisch!*

Im Freiblock war ich jetzt „verfügbar". „Verfügbar" hieß: Sie können mit einem machen, was sie wollen. Zum Beispiel haben sie mich rausgeholt, da musste ich zusammen mit anderen die Zwischenräume zwischen den Revierblocks säubern. Da hat man immer von denen, die gestorben sind, die Matratzen, die Wäsche und die Kleidung rausgeworfen. Das alles mussten wir zur Desinfektion bringen.

Nach dem Appell am nächsten Sonntag hat man jemanden für das Bekleidungswerk I gesucht. Da hab ich mich gemeldet. Ich hab mir gedacht: Das mag hingehen, wo es will, auf dem Block bleib ich nicht. Ich geh zu einer festen Arbeit hinaus. Ich musste mich dann an der entsprechenden Kolonne anstellen. Wir sind zehn bis fünfzehn Minuten zur Arbeitsstelle vor dem Lagertor gelaufen. Das Bekleidungswerk war riesig: Vier große Hallen und dazwischen immer noch ein großes Zelt.

Die erste Arbeit war, Sachen sortieren, die für das Winterhilfswerk gespendet worden waren. Das alles war in Säcken hochgestapelt, riesige Haufen. Warum wir das sortieren mussten, das weiß ich heute noch nicht, denn die Sachen wurden gar nicht weitergeleitet. Die Soldaten an der Front haben auf jeden Fall die warmen Socken und die Ohrenschützer und was es alles noch hatte, nie gekriegt. Denn eines schönen Tages wurden die ganzen säuberlich sortierten Stapel in die Lumpenpresse abgeholt. So hat man die Menschen angelogen.

Für uns war die Arbeit interessant. In den Sachen war oft ein Brief von den Leuten, die gespendet hatten, an den Soldaten. Sie haben den Empfänger um Antwort gebeten, und da hätten dann doch viele Soldaten Päckchen gekriegt.

Nach dem ersten Arbeitstag hab ich gefragt, ob ich weiterhin kommen kann, und ich konnte bleiben. Ich war froh, dass ich jeden Morgen mit meiner Kolonne ausmarschieren konnte und nicht im Block dem Grübeln ausgesetzt war oder für die schlimmsten Arbeiten oder womöglich als „Versuchskaninchen" „verfügbar" sein musste. Der Tag ist einfach anders vergangen und man war immer mit Menschen zusammen.

Wenn wir ein- und ausmarschiert sind, mussten wir an den Hundezwingern vorbei. Uns hat es jedes Mal gegraust. Die Reihen mussten einen bestimmten Abstand haben, und wir mussten auf Zack durch das Tor, sonst mussten wir umdrehen und noch mal durch. Wir mussten Wanderlieder singen. Und das Singen war wichtig, vor allem für unsere Ausländerinnen. Es war ja dadurch der Takt da. Marschieren ohne Takt geht gar nicht. Drum hab ich immer darauf geachtet, dass ich in die zweite Reihe kam. Und ich habe jeden Tag gesungen, und wenn es mir noch so dreckig ging. Ich hab gesungen, dass alle marschieren konnten, auch die hinteren noch. Die Kolonne war ja sehr groß. Die Wanderlieder wurden immer von der

Aufseherin angestimmt, die meisten Volkslieder kannten wir aus der Schule. Nazi- und Kriegslieder wurden nicht gesungen.

Unsere eigentliche Arbeit war das Sortieren von Militärsachen. Zu uns kamen von der Front die kaputten, schmutzigen und verlausten Uniformen. Wir mussten sie vom Waggon ausladen. Jede Sendung wurde extra sortiert, gezählt, gestapelt und kam dann in eine andere Halle, bis im Bekleidungswerk II die Uniformen, die noch zu retten waren, sauber gemacht und instand gesetzt wurden. Von dort kam dann alles zurück zu uns, wurde gebündelt und dann wieder für die Front verladen. „Schmutzige und kaputte Uniformen“, das war die Bekleidung von Soldaten, die im Schlamm gelegen hatten, die verwundet oder gefallen waren: von Geschossen zerfetzt und voller Blut.

Bei einer Sendung hat man uns gesagt, sie komme von der Schlacht bei Monte Cassino. Diese Uniformen konnte man nicht mehr richten. Die mussten wir rauslegen zum Trocknen, dann kamen sie in die Lumpenpresse. Da waren Helme dabei, da reingeschossen, da rausgeschossen, mit dem Hirn. Furchtbar.

Und die Läuse! Wie verlaust unsere Soldaten waren! Natürlich waren wir auch jeden Tag wieder voll Läuse. Wir mussten jeden Abend, wenn wir einmarschiert sind, zuerst in den Waschraum gehen und uns lausen: die Sachen ausziehen und die Läuse suchen und kaputt machen. Wenn das eine mal nicht mehr getan hat, die hat es nicht

mehr lange gemacht. Wenn der Mensch sich fallen lässt, dann ist er weg von der Welt.
Außer diesen Waggons mit den Uniformen kamen zwischendurch noch ganz andere zu uns zum Ausladen. Es waren die Waggons mit Beutegut. Die Deutschen haben ja die besiegten Völker ausgeraubt. Was da alles aus Polen gekommen ist: Was man sich in den Haushalten und Geschäften nur denken kann. Und in welchen Massen! Ein Berg von Steppdecken, wie sich den keiner vorstellen kann. Er wurde im Freien abgeladen, da hat es reingeregnet, dann wurden die Federn heiß und es hat gebrannt, es musste gelöscht werden. Kaputt, alles kaputt. Oder die Aussteuerkoffer. In Polen gab's so feine Aussteuern, Leinen mit wunderschöner Weißstickerei, gehäkelte Sachen. Alles kaputt. Bei allem, was wir ausgeladen haben, konnten wir uns vorstellen, wie die Deutschen in die Wohnungen gekommen sind und alles, wie es gerade hängt oder steht, fortgeschleppt haben. Was da alles durcheinander in den Waggons gelegen ist! Die Pfanne, die Schüssel mit dem Teig, eine Nähmaschine, da war ein Rock zusammengeheftet und ein Stück schon genäht. So hat man es der Frau unter den Händen weggenommen. Einmal kam die ganze Ware von einem Geschäft: Emailgefäße. Das mussten wir alles auf einen Haufen werfen. Email springt ja weg: alles hin, alles kaputt. Die vielen Nähmaschinen sind wochenlang draußen gestanden, es hat ja geregnet, das Furnierholz ist von den teuren Singermaschinen abgesprungen, die Metallteile verrostet.

Ganze Berge von Musikinstrumenten stapelten sich vor den Hallen. In Wind und Wetter wurden die Haufen von all den Sachen immer höher. Solang ich da war, ist davon nichts abgeholt worden.
Nicht nur das Beutegut verkam im Regen, auch wir waren oft tritschetratschenass, wenn wir zum Arbeiten kamen, und dann mussten wir ja bei jedem Wetter auf- und abladen. Wir hatten wenigstens unsere Hallen, aber die, die auf dem Feld und im Wald arbeiten mussten, die waren noch schlechter dran.
Unser Unterscharführer Spier war ein bissele jähzornig, aber er war auch gleich wieder gut. Einmal, wie uns bei einem Gewitter das Wasser unten rausgelaufen ist, hat er gesagt: „So kann man nicht arbeiten, so nicht. Die Sonne scheint wieder. Ihr Frauen spannt schön ein Seil und dann zieht ihr irgend etwas an, solange eure Sachen trocknen."
Das haben wir auch gemacht. Wir haben uns von dem Stapel mit den guten Uniformen bedient und haben dann in den Militärsachen ganz zackig ausgesehen. Unser Aufseher hat so lachen müssen und gesagt: „Ihr Frauen, ihr Frauen!"
Der Unterscharführer war ein Mensch. Wenn eine Frau bei ihm ihre Arbeit richtig gemacht hat, dann konnte sie sich auch halten. Zugeschlagen hat er nicht. Auch der Oberscharführer Schillinger war ein Mensch. Für uns Frauen war bei dem Beutegut so vieles, was wir gebrauchen konnten. Die Kücheneinrichtungen hatte man ja

so weggeschafft, wie man sie vorgefunden hatte. In den Schubladen und den Dosen war Mehl, Grieß oder Zucker, Öl in den Flaschen, Töpfe und Pfannen waren auch da. Ein paar Kartoffeln hatten wir vom Mittagessen. Wir wollten mit unseren Schätzen natürlich kochen. Da haben wir erst unser Essen gefasst, dann sind wir um die Halle herumgegangen, dort haben wir kleine Herdstellen zusammengerichtet: Sand zusammengeschoben, Moos haben wir gesammelt, manche hatten zum Drüberlegen Eisenplatten. Mit Kistenholz haben wir Feuer gemacht, Streichhölzer waren ja auch bei den Küchensachen. Wasser haben wir von einem anderen Betrieb geholt. Frauen sind erfinderisch!

An jedem Feuer wurde etwas anderes gekocht. Auf einmal kam der Oberscharführer Schillinger ums Eck. Ich war mit der Frieda beinander, ich hab sie sehr gern mögen. Aber sie hatte einen Fehler: Sie ist immer erschrocken, wenn was war, und ist stehen geblieben. Sie konnte nicht wegspringen. Oft hat sie deswegen Schläge gekriegt, wenn die andern sich alle gerettet hatten. Von einem anderen Betrieb kam oft ein SS-Mann und der kam nie ohne Prügel. Immer hat es sie erwischt.

Von unserm Herd sind wir also nicht weggekommen. Der Oberscharführer war gleich bei uns und fragte: „Was gibt's?“ – „Pfannkuchen“. Da nahm er die Pfanne, und er konnte die Pfannkuchen in der Luft umdrehen. Das hat er gemacht. Er hätte sich ja auch ganz anders verhalten können. Zumindest hätte er alle Töpfe und Pfannen umkehren können. Zur Strafe mussten wir zwei die ganzen Feuerle löschen. Wir waren noch nicht halb herum, da haben die ersten schon wieder gebrannt.

Wir hatten im Bekleidungswerk I einen ganz jungen SS-Mann. An ihn muss ich oft denken. Wenn wir gearbeitet haben, hat er oft bei uns gestanden, mal an dem Tisch, mal an dem Tisch, und hat sich mit uns unterhalten: Er wollte von uns wissen, wo wir daheim sind, was unsere Mutter so gekocht hat. Und er hat uns von sich und seiner Mutter erzählt.

Aber einmal sind wir sehr erschrocken. Mitten unter der Arbeit ließ er uns antreten. Was konnte er von uns wollen? Unsere Kolonne war sehr groß, er ist vor uns gestanden und hat gesprochen: „Ich werde mich hüten, je eine Frau zu schlagen. Und jetzt geht wieder an eure Arbeit!" Auch so etwas vergisst man nicht! Aber er war nicht lang bei uns, er wurde versetzt.

Die Aufseher waren sehr verschieden. Wir hatten einen, der hat geschlagen, wo er ging und stand, mit dem Prügel, der Peitsche, was er gerade in der Hand hatte. Eine andere Besonderheit war, dass er das Essen, das vom Lager kam, nicht verteilt hat. Der war zum Fürchten!

## *Neue Verfehlung – neue Strafe*

Als ich noch nicht so lange im Lager war und mich noch nicht mit allem gut auskannte, sind einmal mit dem Militärtransport Butterdosen von den Soldaten mitgekommen. Die konnten wir gut gebrauchen, für das bissele Margarine, das wir sonntags bekamen. Manche hatten sich so eine Dose einfach „organisiert“, ich hatte allerdings keine. Als wir einmarschierten, mussten wir vor dem „Bad“ Halt machen. Kontrolle. Die Frauen haben die Butterdosen fallen lassen, noch bevor wir ins „Bad“ reinkamen. Ich hatte gar nichts außer einem Pullover. Den hatte ich von einer Frau bekommen, die zu mir gesagt hat: „Schau, nimm ihn, du bist ja noch krank. Zieh ihn unter dem Kleid an, dass du's wärmer hast.“ Jetzt musste ich mich ausziehen, und da stand ich in meinem Pullover. Ich sollte sagen, woher ich ihn hatte. Und ich hab gesagt, dass ich ihn nirgends genommen habe, sondern von einer Frau geschenkt gekriegt habe. Dass ich mich gerechtfertigt hab, war nicht richtig. Die anderen, die sich auskannten, haben nie etwas gesagt. Gar nichts. Die bekamen dann zur Strafe Kostabzug: drei Tage, fünf Tage; sie haben so lang nichts zu essen bekommen, kein Frühstück, kein Brot, nichts. Ich habe für meine Rechtfertigung Strafblock gekriegt, das war „verschärfter Block“, gesperrter Block, während man vom Freiblock aus auch mal in einen andern Block rübergehen konnte. Es hat geheißen: vier Wochen, aber es waren dann siebeneinhalb Wochen.

Es war schon arg, bis ich hier überhaupt etwas zum Liegen gefunden hab. Der Schlafraum war total überfüllt, vier Frauen für zwei Strohsäcke hat schon nicht mehr gereicht, man musste zu fünft liegen. Einmal wurde ich in die dritte Etage eingewiesen. Ich war kaum oben, da lag ich schon am Boden, sie haben mich runtergeworfen. Sie haben ja niemanden mehr brauchen können. Jeden Abend hatte ich keine Bleibe, jeden Abend war ich woanders unwillkommen. Einmal wurde ich in eine Reihe eingewiesen, wo die Strohsäcke alle ein bissele breiter waren, da sollten wir zu siebt liegen. Zum Glück war's die untere Etage, denn ich war sofort wieder auf dem Boden. „Lasst mich doch auch liegen", bat ich, „ich kann doch auch nichts dafür."

Da sagte eine Frau schräg hinter mir: „Komm du zu mir!" Ich hab mich vom Boden wieder aufgerappelt und bin zu ihr gegangen. Sie fragte: „Wie heißt du denn?"

„Anni heiß ich."

„Ich möchte deinen Familiennamen wissen."

„Zick."

„Ich hab's mir gedacht, ich schau dich schon lange an. Du hast einen Bruder in Stuttgart."

„Ja, das stimmt."

„Den kenn ich und der wohnt in der Claudius-Straße 15."

„Ja, da wohnt er."

„Ich auch. Ich hab für dich Platz. Das wissen die noch nicht. Da ist eine weggekommen. Komm du zu mir." Durch

diesen Zufall hatte ich einen Platz für die Nacht gefunden, wo ich für die Zeit im Strafblock bleiben durfte.
Man bekam im Strafblock auch schlimmere Arbeiten. Ich musste zur Müllkolonne. Vom ganzen Lager musste der gesamte Müll aufgesammelt werden, auch von den Revierhöfen. Wir mussten aber zuerst am Schwedt-See Moor graben, für die riesigen Müllberge musste Platz geschaffen werden. Wir mussten das Moor in Loren reinschaufeln, bis das Grundwasser kam, und dann die schweren Kipploren auf einem Gleis, das wir vorher selber gelegt hatten, weit bergauf schieben und auskippen. Sie haben dann das Moor mit Sand vermischt zum Acker. Es gab dort ja nur Sand, dafür haben sie das Moor gebraucht. In den riesigen Hohlraum kam dann der Müll. In diesem Moor haben viele Menschen, die schon geschwächt waren, Moorfieber gekriegt und ihr Leben lassen müssen.
Aber sogar hier hatten wir Glück. Der SS-Mann, der die Aufsicht hatte, war ein Mensch. Er hat auf uns Acht gegeben. Er hat gesagt: „Zu jeder Lore gehen acht Frauen mit ihrem Spaten. Aber zwei schöpfen ein, die anderen ruhen. Und das geht im Wechsel." Über dem Moor war eine Höhe, auf der ist er immer gelaufen, und wenn er gesehen hat, dass jemand kommt, hat er gerufen: „Achtzehn". Dann mussten alle acht einschöpfen, und das hat immer geklappt.
Als die Moorgrube groß genug war, mussten wir den Müll wieder mit den Loren herschaffen und reinkippen. Dann wurde alles mit Stroh und Erde zugedeckt. Der SS-Mann

hat auch dafür gesorgt, dass wir draußen Essen bekamen. Diese mecklenburgischen süßen Suppen, Graupensuppe zum Beispiel, waren gut. Jeder hat er die Schüssel voll ausgeschöpft, da war immer mal was übrig. An der Seite war ein kleines Mäuerle, auf das durften wir uns setzen und unsere Suppe gemütlich essen. Auch ein Kessel Wasser wurde mitgebracht, dass wir unsere Schüsseln und Löffel spülen konnten. Er ist vor uns hin und her gelaufen und hat seine Leute angeschaut. Auf einmal hat er einer auf die Schulter getippt: „Geh mit!" Und dann hat man noch einen Nachschlag gekriegt. Um eine Frau hat sich der SS-Mann besonders angenommen. Sie hat alles verdorbene, verschimmelte Essbare aus dem Müll gefischt und essen wollen. Er hat es ihr immer wieder verboten und ihr dafür angeboten: „Du kriegst Nachschlag."

Auch diesem Mann hab ich ein gutes Andenken bewahrt.

Im Strafblock hab ich mich mit einer Frau zusammengetan. Sie war an der Grenze von Österreich und Ungarn zu Hause. Wie sie ins Lager gekommen ist, das ist so zugegangen: Ihre Hennen haben verlegt. Sie hat zu ihrem Nachbarn gesagt, dass sie ihre Eier selber braucht. Der war Nazi, und weil er sich so geärgert hat, hat er sie mit irgendetwas hingehängt. So kam sie ins KZ und trug den politischen Winkel. Hat die Resi was gehabt, hat sie mit mir geteilt, hab ich was gehabt, hab ich mit ihr geteilt.

Diese Freundschaft hat uns so manche nicht gegönnt, vor allem aber die SS-Blockleiterin. Die war eine sehr schlimme Person. Wie sie uns erwischt hat, hat sie uns geschlagen. Sie hat uns antreten lassen, hat das Koppel runtergetan und mit dem Koppel in uns reingehauen, und wenn sie lustig war, hat sie das Koppel umgedreht und mit dem Schloss geschlagen. Da hab ich auch manches blaue Auge davongetragen. Und die Frau war hochschwanger. Wir haben uns oft untereinander gefragt. „Was kommt da für ein Kind auf die Welt?"

Für sie war es leicht, Resi und mir den gemeinsam bei der Arbeit verbrachten Tag zu nehmen. Als wir eines Tages, wie immer in Fünferreihen, für die Arbeit anstanden, die Resi eine Reihe vor mir, da hat die Blockleiterin gerade von meiner Reihe ab geteilt: Die Resi ging weiter zur Müllkolonne, ich musste zur Schiffsausladeabteilung.

Bald darauf ist einmal meine Kolonne früher einmarschiert als die Müllkolonne. An jedem Tisch musste die Tischälteste dafür sorgen, dass jede die Suppe kriegte. Die Tischälteste von unserem Tisch 7, ein „Grünwinkel", eine Kriminelle, hat die Graupensuppe verteilt, die Schüssel mit der Suppe für die Resi wurde auf ihren Spind gestellt. Als die Resi dann kam, da war das Essen weg, und ich sollte das getan haben. Auf meine Verteidigung wurde nicht gehört, sondern sofort die schlimme Blockleiterin geholt, damit ich meine Strafe bekomme. Bevor sie etwas gesagt hat, hab ich gesprochen: „Frau Blockleiterin, Sie können mit mir machen, was Sie wollen, aber was Sie machen, das tun Sie im Unrecht. Ich hab die Suppe nicht genommen, ich tu so was nicht. Ich bin Kamerad." Sie konnte mir nichts machen, gar nichts. Da haben die anderen geschaut.

In meiner neuen Kolonne, die Schiffe abladen musste, hab ich dann erst richtig verstanden, was „Strafblock" bedeutete. Zur schlimmen Arbeit kam die brutale Schikane. Hier gab es keine Person, die uns das Leben erträglicher gemacht hätte. Wir mussten zu dem etwa vier Kilometer entfernten See marschieren, in den von der Havel die großen Schiffe zum Ausladen kamen. Wir mussten Kohlen, Kartoffeln, Bausteine abladen, aber auch Unmengen Schutt, von dem wir uns nicht vorstellen konnten, wozu man ihn brauchte. Die ausgeladenen Sachen mussten wir in Schubkarren in große Schuppen fahren. Die Steine mussten wir einander zuwerfen. Diese Steine waren ganz anders als unsere Ziegel, sie waren ganz rau, und von unseren Fingern ist das Blut nur so runtergelaufen, und dabei hat uns die Kapo noch zur Eile getrieben. Wir hatten viele vollkommen geschwächte Menschen unter uns, und es waren ja immerhin etwa vier Kilometer, die wir nach der Knochenarbeit einmarschieren mussten. Viele sind zusammengebrochen. Die hat man zuerst noch vollends zusammengeschlagen, erst dann, wenn man gesehen hat, dass der Mensch sich nicht mehr rühren kann und nicht mehr aufkommt, dann musste eine andere Frau sie ins Lager führen. Eine besonders ausgedachte Schikane war einmal, dass jede von uns beim Einmarschieren einen von den schweren Steinen ins Lager tragen musste. Dazu mussten wir singen: „Es kommen die lustigen Tage". Dass

viele zusammengebrochen sind, war ja kein Wunder. Jetzt mussten nicht nur die Frauen mitgeführt werden, auch die Steine mussten von anderen noch zusätzlich geschleppt werden. Und die Steine hat man nicht einmal im Lager gebraucht, es ging nur darum, uns niederzumachen.
Zu dieser Zeit hatten praktisch alle Häftlinge Typhus. Wir bekamen damals in Wasser gekochten Kürbis, so dass der Durchfall noch schlimmer wurde. Jetzt gab es ausgerechnet die Anweisung von oben: Wir durften dort draußen am See nicht aufs Klo gehen. Es gab eine Latrine: ein Loch mit einer Stange drüber. Aber die Aufseherin durfte uns nicht dorthin lassen. Wir sind vor ihr auf den Knien gelegen und haben geweint und gebettelt, dass sie uns laufen lässt. Sie konnte es auf die Dauer nicht durchhalten und hat schließlich weggeschaut. Aber am nächsten Tag war sie durch eine härtere Aufseherin ersetzt. Wir wussten uns nicht anders zu helfen, als uns in den Kohlenschuppen zu schleppen. Was sollten wir sonst tun?
An einem sehr nebligen Tag kam ein Personenauto zu uns hergefahren. Es stiegen erst zwei SS aus und dann ein Häftling, tritschetratschenass. Wir konnten nicht erraten, um was es hier ging, aber wir haben es dann erfahren. Die Frau, die zu unserer Kolonne gehörte, war aus Heimweh abgehaut, wir haben das gar nicht gemerkt. Sie ist von uns weg über den See nach Fürstenberg geschwommen. In Fürstenberg musste sie ja raus aus dem Wasser, und da sah man sie in ihrem KZ-Gewand. Sofort wurde Meldung gemacht, man hat sie geholt und zu uns gebracht.

Warum? Sie musste wieder ins Wasser und musste den SS zeigen, wie sie schwimmen kann. Aber beide Aufseher haben die Pistole auf sie gerichtet, dass sie nicht weiter schwimmt, als befohlen, da hätte man sie gleich erschossen. Dann musste sie wieder raus aus dem Wasser und wieder in das Auto einsteigen, und wir mussten alle antreten und bekamen den Befehl, ins Lager zu marschieren. Die SS fuhren mit der Frau voraus. Bis wir reinkamen, hatte sie ihre Strafe schon gehabt und musste vor uns hinstehen. Mein Gott, mein Gott, da hab ich das erste Mal gesehen, wie ein Mensch aussieht, der Stockhiebe bekommen hat. Von der Nierengegend hinunter kein Stückchen heile Haut, alle Farben. Dann wurde gesagt, wenn sich jemand an ihr noch rächen will, der kann noch Prügel dazu geben. Und ein paar sind aus der Kolonne herausgetreten, um das Angebot anzunehmen. Ja, auch solche „Kameradinnen" hat es gegeben! Bewacher wie Bewachte waren sehr verschieden. Die Grenze zwischen Mensch und Unmensch war nicht so einfach zu ziehen.
Wir mussten wieder zur Arbeit ausrücken, und wir waren sicher, dass man diese Frau zu Tode gequält hat.

## *Schmuggel und Kontrolle*

Nach siebeneinhalb Wochen Strafblock kam ich zurück in meinen Freiblock in Baracke 6 und zu meiner Arbeit im Bekleidungswerk I.

Als es im Herbst sehr kalt wurde, konnten wir so manches gebrauchen, was wir in unserer Halle vorfanden. Wir hatten schöne Hemden gefunden, Trikothemden, das SS-Zeichen, das vorne aufgenäht war, haben wir ganz sauber abgetrennt. Kontrolle! Es hat gestürmt und geregnet und wir mussten uns im Freien ausziehen. Die Hemden wurden uns heruntergerissen, und noch viele andere gute Sachen wurden uns abgenommen. Am anderen Tag haben wir bereits wieder fest genäht, um uns Ersatz zu schaffen – bei den vielen Frauen fiel es gar nicht auf, wenn einige nicht die angeschaffte Arbeit machten, sondern nähten. Der Unterscharführer Spier hat gesagt, das war nicht richtig, dass man uns alles genommen hat, und er hat Meldung im Lager gemacht, dass sie die Sachen wieder in den Betrieb rausschicken sollen. Das haben sie getan. Und der Unterscharführer war am Abend, als die Sachen zurück waren, total erstaunt, dass wir inzwischen schon alles ersetzt hatten und vieles jetzt doppelt war.

Wir konnten, gerade als der Winter kam, vielen Frauen mit warmen Sachen helfen. Ich konnte zum Beispiel Schlüpfer, Socken, Strümpfe, einen warmen Schal, Pullover ins Lager schmuggeln und einer anderen geben. Aber am nächsten Tag musste ich *ohne* Appell stehen; ich hatte ja meine eigenen Sachen im Bekleidungswerk lassen müssen, und man durfte bei einer Kontrolle nicht doppelt warme Sachen anhaben. Die Frauen von der Wald- und Feldarbeit waren froh um jedes Stück.

Lebensmittel haben wir auch für die anderen geschmuggelt: Öl, Salz, Mehl. Dafür haben wir dann wieder mal Pilze aus dem Wald bekommen. Die Pilze haben wir in unserer Schüssel in den Betrieb hinausgenommen, die Schüssel war einfach in ein Küchentuch eingeschlagen. Dort haben wir mittags gekocht, wenn die SS zum Essen gegangen ist. Wenn die Schmieresteherinnen uns gewarnt haben, waren wir wie der Blitz mit unserem Pilztopf oben auf dem Wäschestapel.

Wie wichtig war das Salz! Wir bekamen ja den Fraß ohne jede Würze. Wir haben säckeweise Salz ausgeladen. Für die Lebensmittel, die brauchbar waren, haben wir einen Stapel gerichtet, der war innen hohl, das Versteck hat niemand gefunden. Allerdings konnte man das auch nur mit Frauen machen, auf die unbedingter Verlass war. Die Kontrollen waren besonders scharf, dass kein Salz in das Lager kam. Aber wir haben es geschafft. Wir haben Handschuhe aus ganz feinem Trikot genäht, und dann noch ein Paar Wollhandschuhe. Das Salz wurde in Vlies eingewickelt, ganz flach, auf den leichten Handschuh haben wir das Vlies gelegt und dann den Wollhandschuh drüber. Bei der Kontrolle mussten wir schauen, dass wir die beiden Fäustlinge beim Ausziehen miteinander erwischten.

Manche waren allerdings extra frech. Und gerade die Frieda, die nie vom Fleck kam und so viel Prügel bezogen hat, vor allem von dem Aufseher von der Kürschnerei, der mit uns praktisch nichts zu tun hatte und hauptsächlich zum Schlagen kam. Ein flaches Reibeisen wollte sie mit ins Lager nehmen. „Frieda“, sagte ich, „sei heut vernünftig, ich vermute, heut haben wir wieder einmal eine strenge Kontrolle!“

Aber sie wies mich an: „Tu mir das Reibeisen am Rücken hinten runter, aber so, dass das Raue am Hemd ist.“ Wir marschierten ein: Kontrolle, ausziehen, ganz ausziehen! Die Frieda stand im Hemd und das Reibeisen ist nicht runtergefallen. Es hat sich am Hemd verhängt. Jetzt hatte Frieda auch einmal Glück!

Ich wollte eines Abends ein Wolltuch für eine Kameradin ins Lager schmuggeln. Ich hatte ein richtiges warmes Kleid und inzwischen einen richtigen Mantel, auf beides hatte ich vorschriftsmäßig hinten auf den Rücken ein Kreuz gemacht. Das Tuch hatte ich in den Ärmel zwischen Kleid und Mantel gesteckt. Diesmal war eine besondere Kontrolle: Die ganze Kolonne musste außen vor dem „Bad“ stehen bleiben, nur die ersten zwei Reihen hinein, also zehn Personen, damit man ganz genau kontrollieren konnte. Und ich war wie immer in der zweiten Reihe. Sie haben die erste kontrolliert, da hab ich in meiner Angst den Mantel runtergetan und das Futter aufgebissen, das Tuch zwischen Futter und Mantel reingesteckt und den Mantel wieder angezogen. Es hat geklappt.

Das Risiko lag nicht nur bei den Kontrollen, sonderen oft

auch bei Mithäftlingen, die verraten haben, was sie nur erspähen konnten.

Diebstahl war etwas anderes, er kam hauptsächlich im Lager vor, aber meistens aus Hunger. Unseren Spind konnten wir ja nicht abschließen. Wenn man etwas Brot aufheben wollte, war es natürlich nie sicher. Ich hab einmal ein Paket, das ich von daheim bekommen habe, nachts hinter meinen Kopfkeil geschoben. Hinter meinem Kopf hat man die Schachtel ausgeräumt, ohne dass ich es gemerkt habe.

Der Typhus ging ja im ganzen Lager um. Ich war sehr krank, mit schwerem Brechdurchfall. Die Frauen haben zu mir gesagt: „Geh doch zum Arzt, geh mal ins Revier. So hat's ja auch keinen Wert, vielleicht können sie doch helfen, und du willst doch schließlich heim zu deinem Kind kommen." Ich hab mich zum Revier gemeldet, bin nicht zur Arbeit ausmarschiert. Im Revierhof haben ganz viele Frauen im Freien gestanden, wir mussten ewig lang warten. Gegen Mittag bin ich drangekommen. Ich wurde aufgerufen, ich bin ein Treppele raufgegangen, ich wurde untersucht, und da hatte ich nicht so viel Fieber, wie ich hätte haben sollen. Da haben sie mich gepackt und die Treppe runtergeworfen. Das war meine Behandlung. Aber keiner kann sich vorstellen, wie schnell ich aufgestanden bin – und fort, und hab geschaut, dass ich in meinen Betrieb kam.

Nach diesem Erlebnis hat mir mein Kapo geraten: „Geh nur nach Halle II, zu den Russinnen, die sorgen für dich!" Die haben wirklich für mich gesorgt! In der Halle waren die Pelzmäntel gestapelt. Da rein haben sie mich gebettet. Sie waren sehr vorsichtig, wenn jemand von der SS gekommen ist, dann haben sie mich schnell zugedeckt. Die SS sind über mich drübergelaufen und haben nichts gemerkt. Und langsam ist es wieder besser geworden, und ich konnte wieder weiter schaffen.

Einmal hatte sich eine Deutsche ein Schneehemd genäht

von einem Soldatenhemd aus weißem Leinen. Der Zweck war, dass sie damit hätte abhauen wollen. Dieses Hemd hat sie in der Halle von den Russinnen genäht. Da kam der OB, wie wir ihn nannten, der Oberste von den Betrieben, und fand einen Stoffrest, wo der Ärmel ausgeschnitten war. „Wer war das?"

Die Deutsche war weggelaufen, aber die Russin ist dort gestanden, die Lucie. Sie soll es sagen, wer es war. Da hat sie gesagt, so gut es gegangen ist: „Ich nichts sagen."

Ihr wurde angedroht, wenn sie es nicht sagt, dann kriegt sie fünfundzwanzig Peitschenhiebe. Ihre Antwort: „Fünfzig und ich auch nichts sagen." Für eine Deutsche! Aber der Mann war so überrascht von ihrem Mut, dass er ihr keine Strafe geben konnte.

Man muss sich wirklich vorstellen, was es hieß, fünfundzwanzig oder fünfzig Peitschenhiebe! Man wurde auf einen Bock gespannt. Schlagen mussten Häftlinge unter Aufsicht der SS. Und das Opfer musste jeden Hieb zählen. Ein Deutscher konnte wenigstens noch recht zählen, aber die Ausländer konnten es ja fast alle nicht. Und wenn man drausgekommen ist, dann hat man von vorne angefangen.

So viel Mut hatte die Lucie, ich hab das aus nächster Nähe miterlebt; in meinem ganzen Leben könnte ich die Lucie nicht vergessen.

Wenn ich mal an einem Sonntag nicht geschafft hab und Freizeit im Lager hatte, bin ich zu den Russinnen gegangen, auf Block 32. Dort hat es mir gut gefallen. Ich war immer willkommen. Anders als bei uns, ist aus den unabgeschlossenen Spinden nie etwas gestohlen worden. So vertraut waren sie.

Bei den Sachen, die wir aus den Waggons ausladen mussten, waren auch viele Musikinstrumente. Die hat man im Freien auf einen Haufen geworfen. Zum Verrotten! Da ist einmal eine Russin, die Alexandra, zu dem Haufen hingelaufen. Sie hat eine Geige rausgeholt, hat sie gestimmt und das Wolgalied gespielt. Da ist auch unser Unterscharführer hingestanden und hat gehorcht.

Dann ist Weihnachten 44 gekommen. Da wollten die Russinnen den zwei guten, fürsorglichen Kapos vom Betrieb ein Geschenk geben. Aber was? Sie hatten ja nichts. Die Frauen, die geschafft haben, bekamen jeden Tag eine Scheibe Kommissbrot extra, die „Betriebsschnitte". An Heiligabend und an den beiden Feiertagen wurde gearbeitet. Da haben alle Russinnen ihre „Betriebsschnitte" vom ersten Feiertag aufeinandergelegt und diesen Stapel dem ersten Kapo gegeben, die „Betriebsschnitte" vom zweiten Feiertag haben sie dem zweiten Kapo geschenkt. Die Frauen wollten es nicht nehmen, aber die Russinnen wären zutiefst beleidigt gewesen, wenn sie es nicht angenommen hätten. Ein so schönes Weihnachtsgeschenk hab ich in meinem Leben nie gesehen. Das war ein Opfer: das vom Mund abgesparte Brot.

## *Die übelsten Schicksale*

Mitte Dezember 1943, etwa zehn Tage nach meiner Verhaftung, hatte ich das letzte Mal meine Periode. Von da ab hab ich darauf gewartet und mir nicht erklären können, warum sie ausgeblieben ist. Schließlich hab ich von meinen Kameradinnen erfahren, dass es bei allen genauso war. Sie sagten: „Man hat uns die Periode genommen." Wie man das gemacht hat, konnte mir keine erklären. Einerseits waren wir froh, dass wir die Regel nicht bekamen, denn wir hätten uns überhaupt nicht zu helfen gewusst. Alle vier Wochen war Wäschewechsel! Andererseits war es gegen die Natur, total gegen die Natur. Wir haben uns vorgestellt, dass wir dadurch die schlimmen Blutgeschwüre bekommen haben. Die sind am ganzen Körper aufgefahren. Es waren faustgroße Beulen: gestocktes Blut. Ich selber hab nicht so viele gehabt, aber manche konnten nicht stehen, nicht liegen und nicht sitzen.

Jeden Dienstag und jeden Freitag kam eine Tschechin, ein Häftling, auf den Block, um unsere Geschwüre zu versorgen. Das war eine sehr nette Frau, aber sie musste uns mit dem behandeln, was sie mitgekriegt hat. Das war eine Salbe, die für alles passen musste und vor der es uns gegraust hat, und verbunden wurden die Geschwüre mit einer Art Toilettenpapier. Das Papier hat natürlich nicht gehalten und ist sofort verrutscht.

Aber wir konnten uns selber besser helfen. Im Bekleidungswerk haben wir beim Sortieren der Uniformen herausgefunden, dass die Drillichanzüge vorne drin Mullbinden hatten. Auf die waren wir scharf. So konnten wir uns verbinden. Was wir rumgebunden hatten, das durften wir behalten, aber anders durften wir die Binden nicht ins Lager bringen. So haben wir oft drei, vier Stück aufeinandergebunden, die konnten wir dann anderen geben. Wenn wir im Sommer draußen geschafft haben, haben wir uns so hingestellt, dass die Sonne so richtig auf unsere Wunden einbrennen konnte. Die Sonne war das beste Heilmittel.

Als eine andere Folge der ausgebliebenen Periode haben wir uns vorgestellt, dass einigen Frauen das Blut in den Kopf gestiegen ist. Das war schlimm! Diese Frauen hat man alle auf einen Block zusammengepfercht, zusammen mit solchen, die psychisch fertig waren, und den Block hat man den „Idiotenblock" geheißen.

An einem Morgen sind wir – wieder einmal – Appell gestanden, und meine Abteilung stand genau vis-a-vis vom „Idiotenblock". Da haben wir alles beobachtet. Es kam ein Wagen, der aussah wie ein Viehwagen, mit Gittern links und rechts hoch. Mit einem anderen Wagen sind ein paar SS gekommen. Sie sind reingegangen, es hat eine Weile gedauert, und dann hat man eine große Gruppe Frauen rausgeführt. Wir haben uns nachher gedacht, dass jede eine Spritze bekommen hat, und bei der einen hat sie gewirkt und bei der andern nicht. Die Frauen wurden auf den Wagen geladen, einige sind ganz ruhig stehen geblieben, andere waren völlig verstört, sind am Gitter hochgeklettert oder weggesprungen. Sie wurden eingefangen, wieder auf den Wagen gebracht und angebunden. Als der Wagen voll – übervoll – war, hat man die Klappe hinten zugemacht und der Laster ist abgefahren. Eine Viertelstunde später war der wieder da – leer. Und die nächsten Frauen wurden herausgetrieben und weggefahren. So hat man an dem Morgen den ganzen Block leer gemacht. Wo sind die Menschen hingekommen?

„Die Hölle der Frauen" war international zusammengesetzt. Aus allen von Deutschland unterworfenen Ländern kamen die Frauen, dazu waren die verschiedenen verfolgten Gruppen hier zu finden. Wir hatten alle das gleiche Los, die Unterschiede lagen hauptsächlich in den Personen, die die Macht hatten. War der Kapo freundlich? War die SS-Aufsicht ein Teufel? War der SS-Mann gewaltbesessen? Unterschiede machte es auch, zu welcher Arbeitskolonne man eingeteilt war. War man im Wald oder auf dem Feld jedem Wetter ausgesetzt, oder arbeitete man in einem der Betriebe, wo man sogar etwas mitgehen lassen konnte.
Mit unserem Schicksal war das der Jüdinnen nicht zu vergleichen. Welches Wort hätte für sie gepasst, wenn wir schon alle in der Hölle lebten?
Wir anderen hatten ja wenigstens einen Platz, an den wir gehörten, wir lebten in Holzbaracken, wo wir zumindest auf einem Strohsack, wenn auch eng gedrängt, einen Schlafplatz hatten.

Die Jüdinnen wurden zu Tausenden in ein Zelt gepfercht, das mitten im Lager, zwischen Block 24 und 26, aufgeschlagen worden war. Es gab nur den Zementboden mit einer dünnen Strohschicht und darüber das Zelt – das hat gereicht. Die Frauen sind buchstäblich zu Grunde gegangen. Sie waren nicht lang hier. In dem Zelt war kein Strohsack, keine Decke, kein Wasser, kein Essen – nichts. So hat man die Jüdinnen da reingepfercht. Und dann hat man gesagt: „Die Juden stinken." – Wie sollten sie nicht stinken, wie?

Essen haben sie nur gekriegt, wenn in der Küche was übrig war. Eines Tages war mal Essen übrig, das wurde ins Judenzelt gebracht. Die Frau, die es verteilen musste, wurde zu Tode getrampelt. Jede hat ja gemeint, sie kriegt nichts mehr.

Jeden Morgen hat man die Toten vor das Zelt gezogen und hat sie aufgeschichtet, wie man das Holz aufschichtet. Dann kamen die Wagen, die sie zum Krematorium brachten.

Jedes Mal, wenn ich heute irgendwo ein Festzelt sehe, kommt diese grausame Erinnerung vor meine Augen.

Grausam war auch das Schicksal einer großen Gruppe, die eines Tages ankam. Es hieß, sie seien evakuiert von einem KZ in Polen mit dem Namen Majdanek, weil die Russen näher kamen. Und diese Menschen mussten im Freien bleiben, Tag und Nacht, und es war gerade eine Zeit, wo es in Strömen regnete. Ravensbrück war ein gefürchtetes Lager. Aber als wir diese Elendsgestalten sahen, kamen wir uns vor wie im Sanatorium. Der Gesichtsausdruck dieser Menschen! Eines Abends, als wir von der Arbeit einmarschierten, waren sie fort. Wohin? Wir haben es nicht erfahren.

## *Der Sonntag ist der schlimmste Tag*

Wir Frauen in Ravensbrück waren von der übrigen Welt völlig abgeschlossen. Ohne Zeitungen, ohne Radio waren wir ohne Informationen über den Kriegsverlauf und die politische Lage in Deutschland. In den zensierten Briefen lasen wir natürlich darüber nichts. Nur wenn es hieß, dass ein Transport von einem polnischen Lager kam, weil die Russen näher rückten, dann konnten wir uns ein unklares Bild machen: Nach deutschem Sieg sah das nicht aus.

Aber gegen eine Informationsquelle konnte man uns nicht völlig absperren: Das war der Himmel. Wenn Fliegeralarm war, mussten wir in die Hallen gehen, und die SS sind in die Bunker reingekrochen, die zwischen den Baracken lagen. Das war für uns die kostbare Zeit ohne Bewacher! Wir sind in der Halle auf die hohen Wäschestapel geklettert, und durch die Lichtblenden oben konnten wir sehen, was wir nicht sehen sollten: die Luftkämpfe. Wir sahen furchtbare Kämpfe, brennende und abstürzende Flugzeuge. Wir haben geahnt, dass es nicht mehr so arg lange dauern konnte. Unsere damalige Kapo, eine Berlinerin, ist während den Luftkämpfen in der Halle voll Freude hin und her gesaust und hat gerufen: „Es kann doch sein, die Heimat ist wieder mein!"

Eines Abend sind wir einmarschiert und standen vor der Schreibstube: Kontrolle. Es war kalt, und sie haben uns alles genommen, die ganze Wäsche vom Leib weggerissen. Stehen bleiben: Strafe stehen. Plötzlich kam Alarm.

Da haben wir alle „juchhu!" geschrien, wir mussten ja in den Baracken verschwinden. Am andern Tag mussten wir das Strafestehen nachholen. Gott sei Dank war wieder Alarm, juchhu! Erst am dritten Abend konnten wir dann unsere Strafe abstehen. Dass der dumpfe Donner in der Ferne Bomben sein mussten, nahmen wir an. Dass andere Menschen durch diese Angriffe umkamen, daran haben wir mit keinem Gedanken gedacht. Wichtig war nur der Augenblick: Wir brauchten nicht mehr zu stehen und wir waren unsere Peiniger für eine kurze Zeit los. Der Mensch wird anders.

Mit den Tieffliegern war es wieder eine andere Sache. Sie sind oft über uns hergebraust, wenn wir Appell gestanden sind: die ganze Lagerstraße gedrängt voll Häftlinge. Wir haben aber nie Angst gehabt. Nicht ein Schuss ist je ins Lager gefallen. Wir waren sicher, dass die Flieger wussten, was für arme Teufel hier standen. Wir glaubten, dass sie das Lager fotografiert hatten. Das Lager hat gezittert und gebebt, aber wir hatten keine Angst.

Mein Vater hat oft gesagt, wenn er vom Ersten Weltkrieg erzählte: „Kinder, merkt euch das: Der Sonntag ist der schlimmste Tag, weil da der Teufel die meiste Macht hat." – Wie oft hat sich in Ravensbrück dieser Satz als wahr erwiesen.

Das Lager war ja, wie schon gesagt, typhusverseucht. An einem Sonntag mussten wir früh aufstehen und raus zum Appell. Vom ganzen Lager hat beim Abzählen ein Häftling gefehlt. Weil diese eine nicht da war, mussten wir alle

Strafe stehen, ohne Essen und Austreten, von morgens früh bis spät nachts. Ohne Essen, das bringt der Mensch fertig, aber ohne Austreten mit solchem Durchfall, das war schlimm. Jeder hält es doch ein, so lang es nur gerade geht. Und das tut weh! Aber dann kam für jede der Punkt, wo sie nicht mehr konnte. Wir haben ausgeschaut wie die Säue. Und wir hatten doch keine Wäsche zum Wechseln. Eine Frau hat es sich herausgenommen, wegzulaufen und zum ersten Block zu gehen. Als sie wiederkam, hat die Oberaufseherin sie mit der Faust ins Gesicht geschlagen, das Blut ist bloß so gespritzt, da hat sich keine mehr getraut, wegzugehen. Bis in die Nacht sind wir so Appell gestanden. Da haben sie die fehlende Frau gefunden. Und die war tot. Irgendwo in der dritten Etage in einem Block war sie gestorben. Wenn die nicht in den Himmel gekommen ist, dann kommt keiner rein: Denn so viele mussten Sühne leisten!

## *Eine Fahrkarte – wohin?*

Im Schlafsaal hat mir eines Tages eine Frau gesagt: „Komm mal zu mir!" So bin ich zu ihrem Schlafsack gegangen. Sie hat gesagt: „Du wirst bald vorgerufen, sehr bald. Du musst zur Schreibstube. Und du wirst heimkommen." Ich hab mir gedacht: Was sagt die dir da alles, kann die Wahrsagerin Recht behalten?

Ich wurde wirklich bald zum Lagerkommandanten bestellt. Er hat mir gesagt, der Wolfertschwendener Bürgermeister hat eine Anfrage geschickt, er möchte, dass man mich entlässt. Mehr hat er nicht gesagt und mir befohlen, wieder an die Arbeit zu gehen. Aber meine Eltern haben von ihm ein Schreiben bekommen, dass ich noch nicht entlassen werden kann, weil ich mich noch nicht den Lagerverordnungen anzufügen vermag.

Bald darauf, vor Weihnachten 1944, wurde ich zum Schutzhaftlagerführer bestellt. Es war eiskalt, und ich bin mit vielen Frauen lang im Freien gestanden. Was hatte das zu bedeuten, was wollte er von mir? Als ich schließlich aufgerufen wurde, hab ich geschnattert wie eine Gans, aber man musste sehr vorsichtig sein, man durfte nicht zeigen, dass man fror. Ich meldete mich: „Schutzhäftling Anna Maria Zick mit der Nummer 28209 meldet sich von Block 6."

Der Schutzhaftlagerführer hat in meiner Akte geblättert. Auf einmal sagte er: „Warum sind Sie eigentlich da?"

Ich hab ihm gesagt, was mein Verbrechen war: Dass ich ein Kind hab von einem Polen.

„Ja", sagte er, „und was würden Sie machen, wenn Sie wieder heim kämen?"

„Für mein Kind würde ich sorgen."

Da stand er auf, ging ins Nebenzimmer und holte eine Aufseherin, er hat sich wieder gesetzt, und die Aufseherin hat ihm über die Schulter geschaut, und er hat ihr Verschiedenes in meiner Akte gezeigt. Auf einmal hat die Frau mir einen freundlichen Blick gegeben, aber gesagt hat sie nichts, genauso wenig wie der Schutzhaftlagerführer, und ich musste wieder zur Arbeit gehen. Was bedeutete der Blick? Was bedeutete es überhaupt, dass man mich hatte kommen lassen?

Erst neulich war einem Häftling Folgendes passiert: Sie hatte Nachtschicht, und da hat sie am Tag ihr Kleid gewaschen. Gerade jetzt wurde sie zum Schutzhaftlagerführer bestellt. Was machen? Das Kleid war nass. Sie bekam das Gewand von einer Kameradin geliehen. Der Schutzhaftlagerführer ist draufgekommen, dass sie eine andere Nummer hatte. Sie musste im Lager bleiben und hat ihre Strafe gekriegt.

Am 12. Januar 1945, einem Freitag, in der Früh, wurde durch die Blockälteste bekannt gegeben: „Die Nummer 28209 nicht zur Arbeit ausrücken! Vor zur Schreibstube!" Ich bekam Angst. Die Blockälteste hat dann gesagt: „Löffel abgeben, Schüssel abgeben und Handtuch!" Ach Gott, was war jetzt? Eine Aufseherin kam und holte mich.

Vor der Schreibstube standen schon verschiedene Häufele Frauen. Zu einem wurde ich hingeführt. Eine Gruppe kam heraus, und die ist zur Folterkammer gegangen. Da war eine Frau dabei, die ich gut kannte, Mutter von vier Kindern. In der Tür hat sie sich nach mir umgeschaut.
Jetzt ging es mit uns los, wir waren achtzehn Häftlinge. Als erstes zur Kleiderkammer, da haben wir unser Gewand, so wie wir es abgegeben hatten, wiedergekriegt. Meine Wäsche war verschmutzt, denn ich hatte damals ja meine letzte Regel gehabt. Dann mussten wir ins „Bad", wo wir unterschreiben mussten, dass wir gesund sind. In einem anderen Gebäude wurden wir vereidigt, dass wir nirgends etwas über diesen Aufenthalt sagen würden. Das Schriftstück, das wir unterschreiben mussten, konnten wir in der Eile gar nicht durchlesen. Aber die Strafe kannten wir von manchen, die ins Lager zurückkamen, weil sie nicht geschwiegen hatten. In der Verwaltung bekam ich mein Geld und den Rosenkranz wieder. Schließlich gab man uns in der Küche ein kleines Lunchpaket. Da waren wir aber noch nicht fertig. Am Nachmittag kamen wir wieder in ein anderes Haus, da drehte es sich um Fahrkarten – aber wir erfuhren nicht, wohin. Ich kam ja mit meinem Namen Zick immer am Schluss. Die eine musste in ein Rüstungswerk, eine andere musste sich bei der Gestapo da und da melden. Wo kam ich hin? Als ich aufgerufen wurde, hieß es: „Und Sie melden sich bei der Ortspolizeibehörde Wolfertschwenden." Und ich durfte keine Freude zeigen!

Noch am gleichen Tag sind wir zum Bahnhof Fürstenberg gelaufen. Es waren mehr Aufseherinnen, die uns begleiteten, als Häftlinge. Auf dem Bahnhof haben wir uns gefühlt wie Vögel, die aus dem Nest fliegen. Wir waren plötzlich frei, und doch noch nicht frei. Wir haben geschaut, wann der Zug kam. Und auf einmal waren die Aufseherinnen fort. Wir haben das gar nicht gemerkt vor lauter Schauen. Schließlich kam der Zug und wir fuhren nach Berlin. Hier ging alles auseinander, jede hatte eine andere Richtung. Eine Frau aus Bamberg und ich blieben zusammen. Unser Ziel war Nürnberg, da musste sie sich bei der Gestapo melden. Bei unserer Suche nach einem Zug stellten wir fest, dass wir erst einmal vom Stettiner Bahnhof, auf dem wir uns befanden, zum Anhalter Bahnhof fahren mussten. Wir hatten Hunger, das winzige Lunchpaket war längst aufgegessen. Ein bissele Geld hatten wir ja noch, so konnten wir uns im Bahnhofsrestaurant das Stammgericht bestellen: ein paar Kartoffeln und Gemüse. Wir bekamen zusammen einen einzigen Löffel, und zwei Mark Pfand mussten wir dafür geben. Es musste eine nach der anderen essen. In totaler Dunkelheit warteten wir auf unseren Zug, und genauso dunkel war es in dem Waggon, in den wir stiegen, wir konnten gar nicht erkennen, wer alles drin war. Aber irgendein Plätzle haben wir doch gefunden und so sind wir Richtung Nürnberg gefahren.

Wir sind aber bloß bis Fürth gekommen, denn in Nürnberg war gerade Großangriff gewesen. Wir mussten aber doch nach Nürnberg hinein und die Gestapo suchen!

„Lass mich nicht alleine, lass mich nicht alleine!“, hat die Frau gebettelt. Das konnte ich auch nicht. In dem ganzen zerbombten Gebiet Fürth und Nürnberg fuhr nur eine einzige Straßenbahn. Mit der sind wir hin und her und hin und her gefahren. Immer wenn wir ausstiegen, konnte uns niemand sagen, wo die Gestapo war. Die Menschen waren von dem Angriff ja völlig verstört. Endlich haben wir sie gefunden. Das Gebäude hatte einen Volltreffer bekommen, und der Schutthaufen brannte. Unsere Freude konnten wir nicht zeigen, denn die Ruine wurde von SS-Männern bewacht. Wir haben sie gefragt. Die Antwort war: „Die Papiere sind schon lange im Volksgerichtshof.“ Jetzt mussten wir wieder suchen. An diesem Gebäude waren wir wer weiß wie oft schon vorbeigefahren. Als wir es gefunden hatten, mussten wir in dem riesigen Bau schließlich das passende Zimmer finden. Die Frau ist reingegangen und ich bin auf dem Gang geblieben. Mein Gott, wie lang hab ich gewartet! Was hatten die mit ihr gemacht? Auf einmal ist sie gekommen, ist mir um den Hals gefallen und hat gerufen: „Ich darf heim, ich darf heim!“ Jetzt sind wir wieder in die Straßenbahn gestiegen und durch die Trümmer zum Nürnberger Bahnhof gefahren. Der Bahnhof stand noch. In dem allgemeinen Chaos konnten wir für meine Begleiterin einen Zug herausfinden. In Nürnberg hieß es, er geht nach Fürth ab, also wieder mit der Straßenbahn nach Fürth. Dort hieß es, er geht in Nürnberg ab. Zurück nach Nürnberg, und sie konnte tatsächlich abfahren.

Jetzt war ich alleine. Ich brauchte doch auch einen Zug! Niemand konnte mir Auskunft geben. Ich bin vom Bahnhof in die Stadt reingelaufen und an einen Platz gekommen, wo sehr viele Leute standen. Da kam immer wieder ein Bus, in den sind ein Haufen Leute eingestiegen, wie Trauben hingen sie nach draußen an den Türen. Der Bus ist abgefahren und nach einiger Zeit kam er wieder, holte die nächste Fuhre. Zu dem Haufen Menschen hab ich mich dazugestellt. Aber niemand konnte mir sagen, wo sie der Bus hinfuhr, die Leute waren apathisch. Ich dachte: So komm ich hier nie weg! Da sah ich, wie von der Menschenansammlung zwei Soldaten wegliefen. Voll gepackt mit Tornister und allem. Ich dachte: Entweder kommen sie von der Front oder sie fahren an die Front; den beiden hab ich mich angeschlossen. Ich hab ihnen gesagt, wo ich herkomme. Das konnten sie sich ja auch denken, mit den kurzen Haaren sah ich wie ein Igel aus, und auf meinem kleinen Kopftüchle konnte man FKL lesen – Frauenkonzentrationslager. „Ja, ja", haben die beiden gesagt, „wir Soldaten haben auch genug mitgemacht."

So sind wir miteinander gelaufen. Sie suchten auch einen Zug, irgendeinen. Wenn man nur von hier wegkam! Wir kamen in einen Wald, durch den Gleise gingen, und eine Hütte war der Behelfsbahnhof. Daneben stand ein Futterhäusle für die Rehe, in das sind wir reingegangen. Die beiden Soldaten haben mir zu essen gegeben und haben mich gefragt, wo ich daheim bin. Sie mussten an die Front. Nach und nach kamen immer mehr Leute. Nach langem Warten kam der Zug, der Schaffner rief: „Schnell, schnell, schnell!“ Die Leute sind alle Hals über Kopf eingestiegen, aber es war nicht die Richtung Augsburg. So blieben die Soldaten und ich zurück. Nach einer Weile kam der Schaffner mit der Mitteilung: Die Militärzug ist da. Da sind die Soldaten weggefahren, ich durfte nicht mit.

Hier war es sehr unheimlich, so ganz allein in dem Wald. Später kam dann aber noch eine Frau mit einem kleinen Kind. Der Schaffner konnte keine Auskunft geben, ob überhaupt ein Zug nach Augsburg kommen würde. Auf einmal hieß es: Der Zug nach Augsburg ist da.

Um Mitternacht bin ich nach Augsburg gekommen. In der Nacht ging kein Zug mehr, der Wartesaal war gesteckt voll Leute. In der Früh kamen dann die Durchsagen über abfahrende Züge. Jedes Mal waren es weniger Menschen, die zurückblieben. Und kein Zug nach Memmingen. Ich hatte einfach keine Ruhe mehr. Ich sagte zu einem Schaffner: „Ich gehe raus auf den Bahnsteig.“ Er meinte: „Da brauchst nicht rausgehen, der wird aufgerufen.“ Ich ging trotzdem, und der Zug war gerade am Abfahren, ich erwischte eben noch den hintersten Wagen. Kaum war ich im Waggon, da hielt der Zug wieder: Fliegeralarm, der Zug musste bis zur Entwarnung im Bahnhof bleiben.

Gegen Mittag kam ich in Memmingen an. Der Mittagszug Richtung Grönenbach, den es früher gab, verkehrte nicht mehr. Abends um neun fuhr der nächste. Zuerst wollte ich heimlaufen. Aber ich musste es aufgeben, meine Füße, die wie die Kopfhaut erfroren waren, waren dick geschwollen. Barfuß laufen ging auch nicht, es war ja Winter. Ich hab mich in die Stadt geschleppt, in der Schwesterstraße hat die Schwester von meinem Mann gearbeitet, aber ich war nicht in der Lage, hineinzugehen. Ich bin auf der anderen Straßenseite hin und her gelaufen und hab gehofft, dass jemand rausschaut.

Dann bin ich ins Kino gegangen; von dem Film hab ich wahrscheinlich nichts mitgekriegt. Es ging ja nur darum, aus der Kälte wegzukommen. Als ich wieder zum Bahnhof kam, war es immer noch zu früh. Ich hab im Bahnhofsrestaurant das Stammgericht gegessen. Es waren Kartoffeln mit Rettich. Um nur ja mitzukommen, war ich sehr früh auf dem Bahnsteig. Ich musste dann noch eine Stunde länger in der Kälte stehen, denn so viel hatte der Zug Verspätung.

Am Bahnhof Grönenbach stieg mit mir ein Mann aus Wolfertschwenden aus. „Sag mal, Anni, bist du's oder bist du's nicht?"

„Doch, ich bin's."

„Ja, lebst du?"

„Das siehst du doch, dass ich leb."

„Wie ist es dir ergangen?"

Da hab ich geantwortet: „Bitte, frag nicht, ich darf nichts sagen." So sind wir miteinander gelaufen.

Als ich zu Hause die Türklinke drückte, hat Mutter es gleich gehört. „Wer ist draußen?" „Ich bin's."

War das ein Wiedersehen, als die Mutter und der Vater

die Treppe heruntergekommen sind! Aber dann bin ich zusammengebrochen. So lang ist der Mensch gespannt bis aufs Äußerste, und wenn er am Ziel ist, fällt er zusammen. Mutter hat mir etwas zu essen gegeben, aber ich konnte nicht mehr. Sie haben mich ins Bett gebracht. Mutter hat meine Elsbeth, die bei ihr im Bett geschlafen hat, auf dem Arm hereingetragen und gesagt: „Das ist deine Mama."

„Mama", hat mein Kind gesagt.

So bin ich heimgekommen.

## *Daheim*

Ich war sehr krank. Ich war so dick, wie wenn ich am nächsten Tag entbinden würde. Voll Wasser. Ich konnte meiner Elsbeth kein Knöpfle zumachen, so geschwollen waren meine Finger. Dazu die erfrorene Kopfhaut und die erfrorenen Füße. Mein Kissen war jeden Morgen klatschnass. Ich hätte halt zum Arzt gehört. Aber ich durfte nicht. Ich war ja gesund entlassen! Wenn ich zur Toilette musste, hab ich geweint, so schlimm war das mit dem Durchfall, ich hatte jedes Mal so ein Gefühl, wie wenn das ganze Gedärm bricht.

Ich konnte nichts bei mir behalten. Meine Mutter hat sich solche Mühe gegeben, mir was Gutes zu kochen: Ich habe nichts vertragen. Damals war in Wolfertschwenden eine Frau, die aus München evakuiert war und dort ein Delikatessgeschäft hatte. Die hat mir geholfen. Sie brachte Reis, Haferflocken, Pudding. „Koch leichte Breile, nur mit Wasser!", hat sie meiner Mutter empfohlen. So langsam bin ich ins Gleis gekommen, dass ich das normale Essen wieder vertragen habe. Aber es hat sehr lange gedauert, bis ich mich erholte, auch meine Tage hab ich sehr lange nicht bekommen.

Meinen Eltern habe ich natürlich erzählt, wie es mir gegangen ist. Meine Mutter war eine stille Frau, ich hab gewusst, dass sie nichts sagt. Aber mein Vater hatte drinnen einen Groll. Da musste ich jeden Tag bitten und betteln, dass er's verhebt: „Vater, sei so gut und sag nichts, sie holen mich wieder!"

Ich war ja verpflichtet, mich beim Bürgermeister zu melden. Er hat mich freundlich empfangen und wollte sich erkundigen, aber als ich ihm erklärte, dass ich unterschreiben musste, dass ich gesund bin und über die Verhältnisse nichts sagen werde, hat er mich nicht bedrängt. Viele Leute im Dorf sprachen mich teilnahmsvoll oder neugierig an. Ich musste jedem sagen: „Bitte, frage mich nicht!" Bis die Amerikaner im April kamen, so lange mussten wir still sein.

Gegen Kriegsende zog durch unsere Gegend die reinste Völkerwanderung Richtung Alpen. Verzweifelte Stadtmenschen, die glaubten, dass sie sich retten mussten. Viele sind bei uns an die Türe gekommen und hatten Hunger. Mein Vater hat immer gesagt: „Jeder, der an die Türe kommt, jeder, der Hunger hat, kriegt von mir ein Brot."

Eines Abends im März war wieder mal jemand vor der Türe. Meine Schwester Judith ist rausgegangen, kam, um Brot zu holen, ging wieder raus, und als sie zurückkehrte, sagte sie: „Mensch, was hab ich grad gesehen!"

„Was hast du gesehen?"

„Ich weiß nicht. Es war ein Mensch. Und der Mensch war genauso grau wie die Decke, die er übergeworfen hatte. Er hat ein gestreiftes Gewand an. Mehr hab ich nicht gesehen."

In unserem Dorf war Militärpolizei einquartiert, ein Poli-

zist auch bei meinem Vater. Am andern Vormittag stand ich gerade vorm Haus, als unser Polizist und noch ein Kollege den Weg raufliefen, und da kam der Mensch raus vom Wald. Gott, oh Gott, sie konnten ihn ja gleich über den Haufen schießen! Mir wurde heiß und wieder kalt. Die Männer sind zu ihm gelaufen. Aber sie waren ganz ruhig. Unser Polizist hat den Mann runter zum Vater in die Werkstatt gebracht. Er hat gesagt: „Vater Zick, sind's so gut, geben sie ihm was zu essen und tun sie ihn ein bissele richten! Und ich werd mit meinem Kollegen schon fertig. Wissen's, der Mensch hat vieles mitgemacht, das sehen wir. Mein Sohn ist aus Begeisterung zur SS gegangen. Und weil er noch einen Kern gehabt hat, konnte er die Befehle nicht ausführen. Und für das war mein Sohn fünf Jahre im KZ. In der Zeit ist meine Frau gestorben, und an dem Tag, wo ich wieder geheiratet hab, ist plötzlich mein Sohn dagestanden. Und von meinem Sohn weiß ich so vieles."
Der Mann hat gezittert. Mein Vater hat gesagt: „Anni auch solches Kleid!" und hat auf mich gezeigt. Langsam wurde er ruhiger. Wir haben ihm was zum Essen geholt. Dann hab ich in der Waschküche den Kessel geheizt. Wir hatten einen großen Holzzuber zum Baden. Aber er konnte sich nicht mehr selber helfen. Ich hab ihn ausgezogen wie ein kleines Kind, nebenbei hab ich sein Gewand verbrannt, es war so voller Läuse, wie ich das nicht einmal aus Ravensbrück kannte. Der ganze Mensch war zerfressen, keine heile Haut mehr. Ich musste ihn heben und ins Wasser

setzen – so elend war er. Ich hab ihn vorsichtig gewaschen und dann wieder herausgehoben und ganz leise abgetrocknet. Mit einem bissele Salbe hab ich ihn betupft; von meinem gefallenen Bruder hatten wir das Gewand, das hab ich ihm angezogen.

Mein Vater hat zu ihm gesprochen: „Du musst mir sagen, wie du heißt und wo du daheim bist!" Er hat gesagt, dass er Jude ist und von Radom in Polen kommt. Und dass er Felix Spielmann heißt. Er war ängstlich, deshalb hat er seinen richtigen Namen erst viel später mitgeteilt: Rechtsmann. Er war auf einem Marsch, in dem Häftlinge von dem Nebenlager Spaichingen evakuiert wurden, in den Wald geflohen. Man hat ihm nachgeschossen, er blieb aber unverletzt. Er hat sich in den Wäldern durchgeschlagen, gelebt hat er von Gras und Schnecken. Später haben wir kombiniert, dass er wohl bei Dietratried, einem Dorf hier in der Nähe, aus dem Wald gekommen ist.

Wir mussten den Felix ja verstecken. So hat er in der Waschküche gegessen, und im Heu hat er geschlafen. Eines Tages sind zwei SS-Männer mit Motorrad und Beiwagen vorgefahren und haben bestimmt, dass sie bei uns im Heu schlafen wollen, weil sie das Motorrad bei sich haben wollten. Ich glaube, die waren selber auf der Flucht. Einer war ein ekelhafter Mensch, der andere war ein angenehmer, ruhiger Mann. Wir mussten den beiden sagen, dass noch jemand im Heu schlief. Und den Felix mussten wir ja auch warnen. Meine Schwester war frech.

Sie sagte: „Den Menschen lasst ihr in Ruh!" Und sie haben ihm wirklich nichts getan.
Als die Amerikaner kamen, hat mein Vater gesagt: „So, Felix, du bist jetzt bei uns daheim." Sechs, sieben Wochen ist der Felix dann noch bei uns im Haus geblieben. Er hat sich erholt. Er ist mit vielen anderen von Rimini aus nach Amerika ausgewandert. Wir haben nicht mehr von ihm gehört. Vielleicht hat er die Adresse verloren.
Felix hatte krankhaften Heißhunger. Die Mutter hat in einer Schüssel aus Kleie und Kartoffeln das Futter für die Hühner zusammengerührt. „Anni, dir kann ich es sagen, du verstehst es. Ich bekomme von euch so viel zu essen. Aber ich hab dann noch nicht satt. Ich muss den Hühnern ihr Futter noch wegessen."
Dieser Heißhunger war genau das Gegenteil zu mir, ich hab ja gar nichts mehr vertragen.

## „Jetzt hast du auch einen Papa!“

Ich hatte Henryk nicht wiedergesehen, nachdem er von dem Polizisten weggeführt wurde. Aber ich hatte noch ein Zeichen von ihm bekommen. Zwei Tage nach seiner Verhaftung wollten meine Mutter und mein Bruder mit dem Zug nach Memmingen fahren. Und im gleichen Zug musste der Polizist den Henryk ins Gefängnis nach Memmingen bringen. Auf dem Bahnhof Grönenbach hat Henryk den Polizisten gefragt, ob er mit meiner Mutter reden darf. Er hat es erlaubt. Henryk hat ihr gesagt, dass er wiederkommt, wenn er das Leben behalten darf.

Henryk kam vom Gefängnis in Memmingen ohne Verhandlung weg nach München-Stadelheim, wo er ein halbes Jahr in der Todeszelle bleiben musste.

Jeder Todeskandidat saß in seiner kalten Zelle ganz allein. Als Arbeit mussten sie Tüten kleben und die Federn in Wäscheklammern einfügen. Jede Woche wurde in Stadelheim zweimal geköpft. Die Todesangst, dass der Wachmann sein Schloss auch aufsperrt! Die Schreie von denen, die man den Gang vorgeführt hat. Und dann immer der dumpfe Schlag! Sein Leben lang ist der Henryk zusammengefahren, wenn er einen Schlüsselbund hat rasseln hören.

Nach einem halben Jahr kam Henryk in eine andere Zelle und musste zum Arbeiten gehen. Er hat in München in einem Holzverarbeitungsbetrieb geschafft. Von da konnte er mir durch einen Kollegen einen Brief zukommen lassen. Er war ein Lebenszeichen und wieder die Versicherung, dass er kommt, so bald er kann. Ich erfuhr, dass er in Stadelheim war und dass er eine Arbeit hatte. Ich hab an die Adresse Stadelheim geschrieben. Mein großer Bruder hat gesagt: „Den Brief setzen wir miteinander auf.“ Ich habe geschrieben, dass Henryk ein Kind hat, dass es ein Mädele ist und Elsbeth heißt, dass es gedeiht und dass es bei Vater und Mutter sehr gut aufgenommen ist. Ich hab geschrieben, dass ich auf ihn warte und dass es mich freut, wenn er wiederkommt. Ich habe diesen *einen* Brief von Henryk bekommen, er erhielt von mir keinen einzigen. Allerdings kleine Lebenszeichen erreichten mich. Henryk durfte, wie ja auch ich, pro Monat einen Brief an eine Adresse schreiben. Seine Briefe gingen an seine Schwester, die inzwischen in Memmingen arbeitete. Bis man mich abholte, erfuhr ich über die Elsbeth wenigstens, dass er lebte. Danach hörten alle Lebenszeichen auf.

Henryk hatte einen guten Wachposten. Er durfte sogar einmal in die Stadt gehen, um zu schauen, ob er von einem Bäcker ein Brot bekam. In der nächsten Bäckerei waren viele Frauen mit ihren Lebensmittelmarken. Und der Häftling in seinen gestreiften Kleidern hat um ein Brot gebeten. Die Bäckersfrau hat ihm gleich einen Laib gegeben, und die Kundinnen haben von ihren Karten abschneiden lassen, dass er noch mehr bekam. So konnte Henryk an seine Kollegen Brot verteilen.

Im November 1943 bekam ich vom Jugendamt Memmingen ein Schreiben, dass Henryk Wrzesinski die Vaterschaft anerkannt hat. Mein Vater hat gesagt: „Das hätten sie nicht schreiben brauchen, das haben wir selber auch gewusst."

Wir haben den Brief aber so verstanden, dass Henryk jetzt entlassen wird und heimkommt. Mein Vater hat gesagt: „Siehst, Elsbethle, jetzt kriegst du auch einen Papa, dein Papa kommt bald." Aber statt dass der Papa kam, ist der Polizist gekommen und hat mich geholt. Am 8. Dezember.

Henryk wurde im November tatsächlich entlassen. Aber wie! Er hat sein Gewand wiedergekriegt, und Zigaretten hat man ihm gegeben. Er hat geglaubt, er kommt heim. Die Heimat war das KZ Dachau.

In Dachau hat er schwere Arbeit machen müssen. In München war er bei den Himmelfahrtskommandos dabei. Sie mussten Blindgänger ausgraben, diese gefährliche Arbeit haben hauptsächlich Häftlinge gemacht. Die letzte Zeit war er im Nebenlager Leonberg bei Stuttgart bei den Messerschmitt-Werken. Er hat da allerdings ein bissele Glück gehabt. Man hat gesagt: „Henryk, du bist ein Bäcker, du kannst doch kochen." So haben sie ihn in die Küche reingenommen. Aber für die anderen waren es furchtbare Verhältnisse. Von hier wurde er nach Dachau evakuiert. Die ganze Kolonne musste von Leonberg nach Dachau laufen. Wer nicht mehr laufen konnte, wurde erschlagen, und wenn er nicht mehr aufkonnte, erschossen. Dem Henryk ging es besser, weil er doch zusätzlich immer mal etwas zu essen bekommen hatte. Aber die anderen, wie

waren die Leute entkräftet! Die den Marsch überlebten, fanden in Dachau das Grauen vor: Tote, Tote, Tote.
Als das Lager befreit war, hat der eine Freund zu Henryk gesagt: „Komm, wir gehen miteinander heim." Der andere: „Komm, geh mit mir!" Henryk hat mir erzählt: „Ich konnte mit keinem gehen, mein Ziel war Wolfertschwenden und nirgends anders." So ist er allein gegangen und ist von Dachau hierher gelaufen.
Der weite Weg, und in seinem geschwächten Zustand.
In diesen Tagen kam einmal ein Nachbarsbub zu mir in die Küche und hat gerufen: „Anni, komm schnell, die Totenliste von Dachau wird durchgegeben!" Ich konnte nicht. Schon so lange waren die Briefe an Henryks Schwester ausgeblieben. Gab es überhaupt noch eine Hoffnung?
Am 18. Maï kam Henryks Schwester mit dem Fahrrad zu uns mit der Nachricht: „Der Henryk ist da!" Er war bei ihr in Memmingen. Sie holte Kleidung für ihren Bruder und sagte: „Morgen kommt der Henryk zu dir." Aber am andern Tag ist er nicht gekommen. Mein Vater meinte: „Da stimmt was nicht, da müssen wir schauen, was los ist." Wir haben die Fahrräder geflickt, so gut es gegangen ist, und ich bin mit dem Felix nach Memmingen aufgebrochen. Oberhalb von Dickenreis bin ich meinem Henryk begegnet. Ich weiß nicht, hat er mich nicht erkannt oder hat er nicht mehr gesehen. „Ich bin doch die Anni, Henryk!"
Er hat kaum aufgeschaut. Später hat er mir gesagt: „Ich war wie im Nebel."

Jetzt haben wir drei miteinander den Weg nach Wolfertschwenden gemacht. Streckenweise haben wir die Elendsgestalt auf ein Fahrrad gesetzt und ein bissele geschoben, dann sind wir wieder so gelaufen, dann sind wir in den Straßengraben gesessen, wenn er nicht mehr konnte. Wo heute bei Dickenreis die Kiesgrube ist, war früher ein großer Bauernhof. Da bin ich reingegangen und wollte ein bissele Milch. Ich hab gesagt: „Ich will's nicht für mich haben, schaut den Menschen an, für den ist's."
Nichts hat er gekriegt. So sind wir weitergegangen, und weiter oben war ein kleines, altes Haus. Diese Bäuerin hat Milch gehabt. Ein kleiner Bauer hat eben mehr Milch wie der große. Der Bauer hat mich angeschaut und hat mich erkannt: „Mein Gott, Anni", hat er gesagt, „müsste ich mich schämen, wenn ich diesem Menschen keine Milch gegeben hätte!"
So ist der Henryk das erste Mal bei meinen Eltern durch die Haustüre gegangen, so krank. Zum Elsbethle hatte mein Vater gesagt: „Jetzt hast du auch einen Papa, der Papa kommt gleich." Das Kind ist dem Henryk im Gang entgegengelaufen und hat „Papa" gesagt.
Der Henryk war so krank, dass er gleich ins Bett gebracht werden musste. Der Vater hat sofort sein Bett hergegeben: „Ich lieg woanders hin." Und weil ich den Henryk pflegen musste, bekam ich das Bett von der Mutter.
Er hatte sehr hohes Fieber, er brauchte einen Arzt. Aber den Arzt konnte ich nicht selber holen. Das ist damals nur über die Franzosen gegangen. Die Franzosen lebten und

arbeiteten nach ihrer Befreiung verstreut im Dorf. Nur durch sie war es möglich, eine Ärztin von Grönenbach an das Bett von Henryk zu bringen. Nach der Untersuchung sagte sie: „Der Mann ist schwer krank. Das ist ein totaler Zusammenbruch."

Ich hab ihn gepflegt, so gut es gegangen ist.

Ein paar Tage drauf hatte er abends hohes Fieber, am andern Morgen hab ich beim Messen die Quecksilbersäule gar nicht mehr gesehen, so tief unten war die Temperatur. Er fantasierte, war in Schweiß gebadet. Jetzt brauchte ich dringend wieder die Ärztin. Ich hatte nicht die Zeit, den Weg über die Franzosen zu machen. Ich bin mit dem Fahrrad nach Grönenbach gefahren, hab mich gar nicht im Wartezimmer aufgehalten, sondern bin gleich ins Sprechzimmer gegangen und hab gerufen: „Frau Doktor, kommen's doch schnell, ganz schnell! Es sieht nicht gut aus."

Sie sagte: „Ich käme gleich, aber ich hab kein Auto mehr. Das haben mir die Amerikaner abgenommen. Fahren Sie schnell heim und schauen Sie um ein Fuhrwerk!"

Ich bin gefahren, wie ich nur konnte. Ich bin zu dem Bauern gegangen, der seinen Hof vis-a-vis von der Kirche hatte. Mit dem hatte der Henryk viel im Wald geschafft. „Selbstverständlich", bekam ich zur Antwort, „sofort einspannen! Und fahr doch gleich wieder zurück und sag, dass wir kommen." Also wieder nach Grönenbach! Und die Ärztin machte sich bereit, mit dem Fuhrwerk loszu-

fahren. Ich hab zum vierten Mal den Weg gemacht, voller Angst, ob der Henryk überhaupt noch schnauft.
Und die Ärztin kam und kam nicht! Das Fuhrwerk wurde auf dem Hinweg und auf dem Rückweg von einer amerikanischen Kontrolle aufgehalten. Nach verzweifeltem Warten ist die Ärztin mit einem amerikanischen Jeep gekommen. Der Bauer war auch im Auto, er musste seine Papiere holen, und erst darauf hat er in Grönenbach sein Fuhrwerk wiedergekriegt.
Die Ärztin hat nicht viel untersuchen müssen. Sie sagte: „Machen Sie sich bereit!“ Sie hat ihn vollständig aufgegeben. „Ich wüsst nicht, wo ich anfangen sollte, es ist ein totaler Zusammenbruch.“
Aber der Henryk ist durchgekommen. Er konnte nichts essen, nur Milch trinken. Mein Vater hätte lieber keinen Liter Milch mehr in die Molkerei geliefert, bloß dass der Henryk genug hatte.
Mai, Juni vergingen, Anfang Juli hat er sich wieder hochgerappelt, und am 16. Juli konnten wir heiraten. Als ich mit den Papieren zum Pfarrer kam, hat er gesagt: „Das ist wirklich Liebe, wenn man so zusammenkommen muss, sich so zusammenkämpfen muss.“
Als es bei der Trauung vor dem Altar hieß: zusammenstehen in guten und in schlechten Tagen, da dachte ich: Die schlechten Tage haben wir durchgestanden, da können wir jetzt auf die guten Tage hoffen!
Das war die erste Hochzeit in Wolfertschwenden nach dem Krieg.

## „Verzeiht, gebt die Hand!“

Als mein Mann wieder richtig auf der Höhe war, hat er eines Tages zu mir gesagt: „Jetzt geh ich zu dem Polizisten, weil ich genau wissen will, wer uns hingehängt hat.“ Es war ja noch der gleiche Polizist von früher.

Beide hatten wir unseren Bauern im Verdacht. Ich hatte ja selbst gesehen, wie der N. einmal zum Polizisten rausgegangen ist und mit ihm verhandelt hat. Auch dass Henryk genau an dem Tag verhaftet wurde, an dem ich meine Arbeitsstelle hätte verlassen dürfen, passte zu dem Verdacht. Der Bauer hat einen Denkfehler gemacht: Er hatte nichts im Sinn, als dass er mich als Arbeitskraft nicht verlieren wollte. Und er hat gedacht: Wenn ich anzeige, dass die Anni von einem polnischen Arbeiter ein Kind kriegt, wird sie nicht geschont und muss zum Dienst kommen. Dass er auch noch seinen Knecht verlieren würde, das war ihm überhaupt nicht in den Sinn gekommen.

Jetzt wollte mein Mann aber genau wissen, wie es damals zugegangen ist. Auf seine Frage hat der Polizist gesagt, er weiß nicht mehr, wer uns angezeigt hat. Der Henryk hat darauf bestanden, dass er es wissen muss, weil es ja keine alltägliche Sache war. Der Polizist hat überlegt und schließlich gesagt: „Gut, ich komm zu euch rüber!“

Am nächsten Tag, einem Samstag, ist er gekommen. Wir haben den Vater aus der Werkstatt geholt. Er hat gesagt: „Ich will dir schon helfen, dass du weißt, wo das herkommt, wer das gemacht hat! Am grünen Tisch, da wurde es ausgemacht. Und ich will dir gleich sagen, wenn das ein minderer Mann gewesen wär, dann tätst du's schon wissen. Aber wenn das einer von den oberen Zehntausend war, da weißt du's nicht mehr. Dir fällt es schon ein! Ich will dir schon helfen dafür!"

Der Polizist hat im Weggehen zu meinem Mann gesagt, er soll am Abend noch mal zu ihm kommen, vielleicht weiß er es dann.

Als der Henryk wieder zur Polizeistation gegangen ist, hat er ein bissele Angst gehabt. „Wer weiß, was der mit mir vorhat." Der Polizist war sehr nett zu ihm und hat gesagt, morgen komme ein Herr zu uns, von dem er weiß, dass er mit der Anzeige zu tun hatte.

Wir waren am Sonntagmittag in der Küche, von dort konnte man auf die Straße sehen. Auf einmal kam der alte Wirt vom Gasthaus * * *. Ich hab zu meiner Mutter gesagt: „Da kommt ja der alte G.* rauf, der ist es doch nicht!" Es dauerte ein bissele, da war er an der Haustüre. Ja, er will mit uns reden. Da hat Mutter gesagt: „Wir gehen in die Werkstatt zum Vater." Mein Vater hat gemeint: „So, du warst der Schuft!" Und dann hat er ihn zusammengerichtet. Der G. hat sich so gedreht und gewendet: Er hat es nicht so gemeint. Mein Vater hat seinen Groll herauskommen lassen. „Aber nagerichtet hast du's ja!"

„Aber der N. war auch dabei", hieß es. Es kam also heraus, dass man dem Polizisten die Sache am Stammtisch

* Name geändert.

zur Anzeige gebracht hat. Wenn der Bauer sich davon noch etwas versprochen hat, so hatte der Wirt gar keinen Grund, hier mitzumachen.

Der N. ist dann auch gekommen. Dem hat mein Vater auch gehörig die Meinung gesagt.

Aber als der Bauer wieder weg war, hat mein Vater gesagt: „Kinder, verzeiht! Der G. ist ein alter Mann, über kurz oder lang ist der nicht mehr da, und der N. ist jünger, aber er hat vier Kinder, da wisst ihr auch nicht, was auf den noch alles zukommt. Kinder, gebt die Hand!"

Der G. ist gekommen und hat gesagt, es tut ihm leid, der N. ist gekommen und hat uns um Verzeihung gebeten. Mein Vater hat gesagt: „Jeder Mensch macht einen Fehler, gut, ihr habt *den* gemacht, aber man kann auch verzeihen."

Jedem haben Henryk und ich die Hand gegeben.

Und wie recht sollte mein Vater behalten! Man weiß nie, was kommt. Zwei Jahre drauf hat sich der N. das Leben genommen. Aber Gott sei Dank nicht wegen uns. Niemand konnte sagen: „Die zwei haben den Menschen gedrückt!" Er hat es aus familiären Gründen getan. Hätten wir ihm nicht verziehen, sein Tod wäre uns immer auf dem Gewissen gelegen.

Als etwas Gras darüber gewachsen war, ist der alte G. wie früher zu meinem Vater in die Werkstatt gekommen, wir haben miteinander geredet, wenn wir ihm begegnet sind. Und so haben wir es auch mit dem Polizisten gehalten. Ihn traf ja gar keine Schuld. Es war angezeigt, er

musste der Sache nachgehen, er musste seine Pflicht tun.
Oft haben mein Mann und ich den Polizisten auf unsern Spaziergängen getroffen, wir haben uns unterhalten ohne einen Hintergedanken.
Wir waren glücklich, dass wir mit unserer Umgebung in Frieden leben konnten.

...

*Zwangsarbeiter im Sonntagsstaat: Die Gruppe der Polen in Wolfertschwenden. Die Bleistiftpfeile und die Notiz »ich« sind Einträge von Henryk Wrzesinski.*

*Das Ehepaar Wrzesinski im Alter.*

*Anna Maria Wrzesinski 2007 vor dem Haus ihrer Eltern, das heute sie bewohnt.*

*Anna Maria Wrzesinski mit der Memminger Lehrerin Erdmuthe von Baudissin.*

8. 2. 44

Bl. 11

| | | | | | | |
|---|---|---|---|---|---|---|
| 64. V | [redacted] | 11 | 27.6.23 | polit. | 28 198 | Verk.m.Tschech. |
| 65. V | [redacted] | 11 | 8.6.85 | " | 28 199 | Tschechin |
| 66. V | [redacted] | 11 | 11.10.16 | " | 28 200 | Tschechin |
| 67. V | [redacted] | 11 | 3.8.05 | asoz. | 28 201 | Bild |
| 68. V | [redacted] | 11 | 21.3.23 | polit. | 28 202 | Tschechin |
| 69. V | [redacted] | 11 | 26.5.02 | " | 28 203 | Tschechin |
| 70. V | [redacted] | 11 | 24.2.22 | " | 28 204 | Bild |
| 71. V | [redacted] | 11 | 12.1.08 | BV. | 28 205 | Bild |
| 72. V | [redacted] | 11 | 30.5.21 | asoz. | 28 206 | |
| 73. V | [redacted] | 11 | 27.8.14 | polit. | 28 207 | Verk.m.Ukrainer |
| 74. V | [redacted] | 11 | 19.6.17 | " | 28 208 | Verk.m.Ukrainer |
| 75. V | Zick, Anna Maria | 11 | 26.6.21 | | 28 209 | Verk.m.Polen |
| 76. V | [redacted] | 11 | 24.4.13 | " | 28 210 | Tschechin |
| 77. V | [redacted] | 11 | 7.3.22 | " | 28 211 | Polin |
| 78. V | [redacted] | 11 | 15.5.25 | " | 28 212 | Polin |
| 79. V | [redacted] | 11 | 12.12.25 | " | 28 213 | Polin |
| 80. V | [redacted] | 11 | 15.12.23 | " | 28 214 | Polin |
| 81. V | [redacted] | | 11.9.22 | asoz. | 28 215 | |

Vom Transport zurück.

| | | | |
|---|---|---|---|
| [redacted] | 6.5.22 | polit. | 14 641 |
| [redacted] | 29.4.24 | " | 15.614 |

Berichtigung.

| | | | | |
|---|---|---|---|---|
| [redacted] | 12.7.04 | asoz. | 26 813 | ist BV. |

*Dokument aus dem Konzentrationslager Ravensbrück, die sog. »Zugangsliste«: Anna Maria Wrzesinski, geb. Zick, wurde am 8. Februar 1944 eingeliefert. Beschuldigung: »Verkehr mit Polen«. Das Datum der Entlassung wurde handschriftlich festgehalten.*

## *Zu diesem Buch*

Die Glücklichen überlässt man sich selbst.

Nicht ohne Bedacht schloss die Herausgeberin mit einem versöhnlichen Tableau: mit dem Triumph der Liebe am Altar und mit einer durch Handschlag neu begründeten dörflichen Gemeinschaft. Dass physische Beschädigungen blieben und Bilder des Grauens unauslöschlich durch Gedanken und Träume der Opfer gingen, versteht sich von selbst, und dass zwangsläufig auch später noch Tage schicksalhaften Leids folgen würden, so fand sie, war eine neue Geschichte.

Durch über den Terror des Dritten Reichs ungewöhnlich gut unterrichtete Zwillinge in einer ihrer Buxheimer Geschichtsklassen auf deren Nachbarin aufmerksam gemacht, erkannte die Herausgeberin sogleich das Erzähltalent von Frau Wrzesinski, aber auch das Ergreifende an dem Stoff, der mit dem Zusammenstoß der Liebe mit den „äußeren Verhältnissen" ein zeitloses Geschick und ein fundamentales Motiv der Literatur variiert.

Lange bevor es Mode wurde, „Zeitzeugen" in Schulen und Studios einzuladen, brachte Goethe das Genre der „Lebensberichte" auf die Formel: „man lebt mit Lebendigen", während der Geschichtsschreibung etwas „Leichenhaftes"[1] eigne. Selber aufgrund ihrer Herkunft ein Quell historischer Anekdoten, gleichzeitig aber auch bedrückt durch die Verstrickung einzelner Mitglieder ihrer Familie in Politik und Ideologie des NS-Regimes, baute die Herausgeberin ganz in diesem Sinn auf die aufklärerische Kraft der Mitteilung von selbst Erfahrenem, des Lebens „mit Lebendigen".

Ohne abstraktes Räsonnement geben die vorliegenden Erinnerungen in einfacher, aber ungemein anschaulicher Sprache die Erlebnisse eines Opfers des NS-Regimes wieder. Mit hoher Authentizität umgreifen sie zwei scheinbar ganz unterschiedliche Sphären. Sie führen in den Mikrokosmos eines kleinen schwäbischen Dorfs, in dem man auf verschiedene Weisen versucht, sich mit der neuen Zeit zu arrangieren. Dabei reicht das Spektrum der Haltungen von Fanatismus über Mitläufertum bis hin zu christlich oder durch bäuerliche Beharrlichkeit motivierter Verweigerung.

In diese schon beschädigte Idylle und in das Leben der beiden Protagonisten dringen dann die Auswirkungen der so weit entrückt geglaubten großen Politik. Während die Allgäuer Magd und der polnische Bäcker viele hundert Kilometer voneinander entfernt ihrer täglichen Arbeit nachgehen, wird anderenorts bereits an ihrem Schicksal gewoben: „Dachau" ist schon Bestandteil einer landläufigen Drohung (s. S. 16); der Rassismus ist gesetzlich verankert; am 15. Mai 1939 wird das Konzentrationslager Ravensbrück „eröffnet" und im selben Jahr beginnt – zunächst auf halb freiwilliger Basis[2] – die Rekrutierung von Arbeitskräften im polnischen „Generalgouvernement".

Wie an geheimnisvollen Fäden gelenkt, werden so die beiden Hauptfiguren einander zugeführt. Im Sommer 1940, rechtzeitig zur Ernte[3], trifft - durch das auf die Jacken genähte „P" stigmatisiert[4] – ein Kontingent von „Fremdarbeitern" ein, das auf die Gemeinden Wolfertschwenden, Niederdorf und Dietratried verteilt wird.[5] Trotz des ehernen und von den Beteiligten auch verinnerlichten „Es darf nicht sein" beginnt nun die „lebensgefährliche Liebe" und bald der Eintritt in eine andere, wahrhaft infernalische Welt. Das nach den Maßstäben der NS-Justiz die Tatbestände der „Prostitution"[6] und der „Rassenschande“ erfüllende Verhältnis führt Henryk Wrzesinski nach Dachau, die Erzählerin auf eine Odyssee über München, durch Österreich und das „Protektorat Böhmen“ zu dem 90 km nördlich von Berlin gelegenen Bahnhof Fürstenberg, dem Eingangstor der „Hölle der Frauen“ (s. S. 58) – des KZs Ravensbrück.

Wie zu einer „Mauer“ verhärtet (s. S. 45) übersteht Frau Wrzesinski die Haft, nicht zuletzt durch einen unbeugsamen Lebenswillen, dessen schönstes Symbol ihr bis heute treu bewahrter Rosenkranz ist.

Die detailgesättigte Schilderung des Transports und der Verhältnisse in Ravensbrück ist ein wertvolles Dokument, das in unpathetischer Form das Leben am untersten Rand der Existenz und in der ständigen Nähe physischer Auslöschung beschreibt: Barbarei, Niedertracht, aber auch Heroismus und weibliche Solidarität.

„Bist du's oder bist du's nicht?“

Wie eine Fremde kehrt Frau Wrzesinski in eine Heimat zurück, in der sich tiefe Gräben auftun. Vorurteile und Ressentiments existieren weiter. Die Opfer sind ein Stachel im Fleisch, die Schuldigen und die übrigen Mitbürger reagieren verängstigt, gleichgültig, beschämt oder verstockt. Doch sieht am Ende das Paar seinen bescheidenen Wunsch mit seiner „Umgebung in Frieden“ zu leben erfüllt.

* * *

Über die Entstehung des vorliegenden Buches schrieb die Herausgeberin selbst:

„Der Lebensbericht wurde von Frau Wrzesinski im Herbst 2000 auf Tonband gesprochen und anschließend von mir in die schriftliche

Form umgesetzt. Mein Anteil am Text beschränkt sich im Wesentlichen auf die Einteilung des Stoffs in Kapitel."

Im Jahr 2004 entstand im Auftrag des Bayerischen Rundfunks ein Dokumentarfilm über Frau Wrzesinski in der Reihe „Lebenslinien", der in den Dritten Programmen der ARD ausgestrahlt wurde.

Memmingen, im September 2007 J. L.

1 Goethe, J.W.: Werke. Weimar 1887 ff, I, 28 S. 358.
An anderer Stelle (a.a.O. I, 42/1 S. 107) formuliert Goethe, was mir die vorliegenden Erinnerungen vorbildlich zu erfüllen scheinen: „was wir von öffentlichen Dingen doch nur im Allgemeinen ... vernehmen, wird nun erst wahrhaft historisch und anschaulich zugleich, wenn der einzelne, unbefangene, unbedeutende Mensch von wichtigen Vorfällen Zeugniß gibt, denen er nicht etwa aus Neugierde oder Absicht, sondern gedrungen durch unwiderstehliche Nothwendigkeit beigewohnt".

2 Vgl. S. 30 und J. Gutman (Hrsg.): Enzyklopädie des Holocaust. München o.J. S. 1641.

3 Im Frühjahr 1940 waren die Rekrutierungsmaßnahmen verschärft worden. Vgl. Enzyklopädie a.a.O. S. 1641.

4 Dodel, M: Damit es nicht vergessen wird. in: Mitteilungen für die Mitglieder des Heimatvereins Wolfertschwenden (Nr. 25, 2001) S. 2. Der Verfasser glaubt erfahren zu haben, dass die Erkennungszeichen von den Trägern selbst für 7,50 RM gekauft werden mussten. Nichttragen wurde mit 150 RM Strafe oder Haft bis zu 6 Wochen geahndet.

5 Dodel a.a.O.

6 Krafft, S. et al.: Frauenleben in Bayern. München 1993 S. 307.